《鬼谷子》智慧全解・下冊

丁一 著

目 錄
CONTENTS

揣篇第七：
揣情度意，權衡得失

　　「揣」，揣測，揣度。本篇包括量權與揣情兩個方面，量權，權衡天下的強弱；揣情，揣測諸侯的內情。通過量權和揣情，就能夠掌握君主或諸侯的內心，從而加以利用，達成自己的目的。鬼谷子認為，智謀的基礎和遊說的法則就是要揣度清楚所有隱蔽和深藏的實情，否則將什麼也做不成、得不到。

量權揣情，知其強弱

　　古之善用天下者，必量天下之權而揣諸侯之情。①量權不審，不知強弱輕重之稱②；揣情不審，不知隱匿變化之動靜③。

【註釋】

　　①善用：善於使用。揣：揣測，度量。權：此指政治情勢變化。②審：熟知。稱：相稱，合適。③動靜：指不斷變化的動態信息。

【譯文】

　　古代那些善於把遊說之術運用於天下的人，必定能準確把握天下形勢的發展趨勢，揣度各諸侯國君主內心的真實意願。如果不熟知天下局勢和各諸侯國綜合實力，就不會知道諸侯國中誰強誰弱，不會知道各諸侯國內部哪個地方強哪個地方弱，不會知道各諸侯國在各國形勢中的地位誰輕誰重。如果不熟悉諸侯國君主的內心世界，就不會知道對方內心隱藏的真實想法，不會知道他對外界情況發生變化時的內心反應。

【智慧全解】

　　現代社會競爭尤為激烈，誰都想在競爭中將對手擠出局，自己奪得勝利。如果自己處於絕對優勢，這根本不是問題，輕輕鬆鬆就能把對手擠出競爭領域，可是，世無常貴。如果己方處於劣勢，或是與對

手勢均力敵，你對勝負沒有多少把握時，該怎麼辦呢？鬼谷子在此為我們提供了一個策略：「量天下之權而揣諸侯之情」，弄清楚對方的強弱輕重情況，然後再來決定自己的行動方略。這是做決定謀計策時一個必不可少的前提條件。

常言說得好：「好漢不吃眼前虧。」當敵強我弱時，我們切不可急於強取，而要巧取守勢，避禍自保，避開對方氣勢洶洶的鋒芒，削減對方的氣勢。也就是人們常說的善於藏匿，避其鋒芒。然後再尋找其他的機遇，這樣更容易變被動為主動，將對方引入自己的局中。

古時候，民間英雄打虎時，很少有人直接與虎正面惡鬥，直面凶猛的老虎是自取滅亡。所以英雄們往往在老虎凶猛地撲過來時，靈活地躲避，避開其鋒芒。如此繞它幾個來回，老虎銳氣大減，體力已經大不如前了，情緒也開始暴躁了，這個時候，再向老虎發起進攻，就變得容易多了。打虎英雄的做法就是鬼谷子所倡導的「量權揣情」，而後行之。

總而言之，能把握市場主動權的人是優秀者，能主動退卻，尋找或製造戰機的人是大智者，這樣的人不僅不會失敗，而且還會使勝算倍增，甚至會扭轉不利局勢，轉敗為勝。這樣的人還愁不成功嗎？

【閱讀延伸】

北宋時期，渭州有一名知州，當時只有十九歲，名叫曹瑋。此人雖然年紀不大，但有勇有謀，在當時小有名氣。

有一年，曹瑋領兵抗擊騷擾北宋邊境的西夏，打了個小勝仗，迫

使敵人撤了兵。曹瑋命令士兵驅趕著繳獲的一大群牛羊往回走，牛羊走得特別慢，很快就落在了大部隊後面。

西夏軍統帥狼狽地逃竄了幾十里，這時探子報告說：宋軍貪圖戰利品，不願丟下掠奪的牛羊，這樣一來，部隊走得亂七八糟，一點隊形都沒有。西夏軍統帥聽後，覺得這是自己反擊的好機會，馬上率軍掉頭返回來，準備襲擊曹瑋的部隊。

收到西夏軍返回突襲的情報，曹瑋絲毫不慌張，仍然不緊不慢地帶著部隊往前走。手下非常擔心，對曹瑋說：「敵人馬上就追上來了，我們丟下牛羊吧，那樣我們才能安全、快速地趕回營地，帶上它們跑也跑不動，打又打不了，怎麼能行呢？」

而曹瑋絲毫不為所動，也不給部隊做任何解釋，依然那樣不慌不忙地走著。當他們走到一個地勢有利的山口時，曹瑋突然命令部隊停下來，以候敵軍的到來。

西夏軍隊很快到達那個山口，這時，曹瑋竟然派人向西夏統帥傳話：「你們大老遠地趕過來，一定累壞了吧。我們漢人最講道理，不想乘人之危，你就讓兵馬好好休息一下吧，等一會兒我們再決戰。」曹瑋的這一做法真是太不合常理了，眾手下全都直吸涼氣，抱怨聲四起。

西夏將士來回奔跑這麼久，還真的累得直喘氣，聽對方這麼一說，個個喜形於色。統帥很樂意地接受了曹瑋的建議，下令眾軍，排好陣形，就地休整。

曹瑋的部下不滿了，曹瑋見此，連忙解釋：「西夏軍遠道殺來，心中正有一股銳氣要殺我們個措手不及呢。我們如果在他們士氣正旺之時與之交戰，一定會傷亡慘重。現在讓他們在長途行軍後稍做休息，他們心中的那股銳氣就會慢慢消散，精神也會隨之低迷下去，渾身有氣無力。這個時候我們再出擊，就能輕鬆取勝。」

　　過了一會兒，曹瑋派人對西夏統帥說：「你們休息得差不多了吧？我們可以開戰了！」於是，雙方列隊開戰，擊鼓進軍。戰局果然如曹瑋所料，只一個回合，曹瑋的部隊就打敗了西夏軍隊。

　　在西夏軍隊挾著一股銳氣前來襲擊之時，曹瑋讓其暫時休息，他的真意並不是讓對方養精蓄銳，而是要削減對方內心的那股銳氣，並尋找於己有利的戰機。曹瑋這種不按常理出牌的做法果然令宋軍取得了勝利。這就是鬼谷子的「量天下之權而揣諸侯之情」的實際意義。

度於大小，謀於眾寡

何謂量權？曰：度（duó）於大小，謀於眾寡，①稱貨財有無之數，料人民多少，饒乏有餘不足幾何；②辨地形之險易，孰利孰害；謀慮孰長孰短；揆③君臣之親疏，孰賢孰不肖；與賓客之知慧，孰少孰多；觀天時之禍福，孰吉孰凶；諸侯之交④，孰用孰不用；百姓之心，去就⑤變化，孰安孰危，孰好孰憎。反側孰辯，⑥能知此者，是謂量權⑦。

【註釋】

①度：計算。小大：指國家、力量之大小。謀：考慮。眾寡：指謀士的多少。②稱：此指衡量。料：估計，估算。③揆：推測、度量。④交：交往。⑤去就：離開與靠近，指民心的向背。⑥反側：反過來覆過去。此指從正面和側面等不同方面來對待。 孰：同「熟」，熟練。辯：同「辨」，辨別。⑦量權：指對一個國家的綜合國力的充分了解。

【譯文】

什麼叫作量權呢？就是要考慮一個國家國土的大小，謀士的多少，估量一個國家經濟實力的強弱，人口的多少，物資豐富或匱乏的有哪些；分辨清楚其地形的險要之處與平易之處，哪裡的地形有利，哪裡的地形於己不利；了解一個國家的謀士哪些善於謀劃長遠，哪些善於謀劃眼前；推斷君臣之間的關係親疏，發現大臣中誰賢誰奸；考

察對方賓客的智慧是多是少；觀察天象時序的變化，什麼時候給人帶來福祉，什麼時候給人帶來禍患，什麼時候行事是吉，什麼時候行事是凶；考察諸侯之間的交往，哪個可以利用，哪個不可以利用；考察老百姓的民心向著誰背棄誰，這種民心的變化，什麼樣是安全，什麼樣是危險，老百姓心裡喜愛什麼，憎恨什麼。能夠從多個方面熟練地了解到這些情況，進行辨別，並能夠知道如何應對，才叫「量權」。

【智慧全解】

在這裡，鬼谷子單獨強調了量權的重要性，也就是要充分了解對方的情況。量權在戰爭中有著重要的意義，戰爭中必須對對方的有關情況做全面而綜合的分析，看哪些因素對我有利，哪些因素對我不利，並根據具體情況而制訂計謀，採用行動，趨利而避危，以求克敵制勝。

春秋末年，楚平王殺害了伍子胥的父親和兄弟，伍子胥為報此仇來到吳國，幫助闔閭奪取了吳王之位，受到了闔閭的重用。伍子胥派人觀測天象，考察地理，又根據四方鄰國的實際情況，制訂出震懾鄰國的規劃。這些措施很快使吳國強盛起來。經過一段時間的準備，吳軍大舉進攻楚國，五戰五勝，最後攻陷了郢都，至此，伍子胥的仇恨得以昭雪，闔閭也成就了自己的霸業。由此可見，要想戰勝對手，必須先了解對手的實力，了解自己與對手共同的環境。知彼知己，才能揚長避短；度人量己，根據具體情況，才能以自己的優勢攻擊對手的短處，才能穩操勝券。

鬼谷子的量權不僅在戰爭中能發揮重大作用，在與人打交道中也

能起到非同一般的作用。在與人打交道之前，你必須對對方的情況、實力進行充分的了解，只有這樣，你在與對方談判時才能有的放矢，駕輕就熟，才能把話說到對方的心窩裡，抓住對方的弱點，一語中的，一舉成功。

人是社會性的動物，都要受到社會環境的影響，人們做事通常都追求「天時、地利、人和」，這就充分說明了社會環境對人的重要影響。對於想要成就大事業的人來說，做事一定要考慮這三方面的因素，這就是鬼谷子所說的「量權」。不過，要做到真正的量權，是要下了一番功夫的。

【閱讀延伸】

十九世紀三〇年代末，西方資本主義國家瘋狂地向中國輸送鴉片，每年多達三萬餘箱，導致中國大量白銀外流，民眾身體敗壞，社會生產力遭到嚴重破壞。面對危及國家前途和命運的社會現實，愛國人士紛紛起來抗爭，要求清政府查禁煙土。

當時，西方資本主義國家對中國走私鴉片的一個重要集散地就是廣東。道光皇帝為了維持封建統治，只得響應民眾的要求，任命湖廣總督林則徐為欽差大臣，到廣東查禁鴉片。

林則徐來到廣州後，那裡的外國鴉片販子和中國走私販賣鴉片的不法分子根本不把他放在眼裡，認為朝廷的這次禁煙肯定跟以前一樣是走過場而已，雷聲大，雨點小，不會有什麼真正的行動。

然而，他們全想錯了。愛國英雄林則徐這次可是下了狠心，決心

要狠狠打擊一下中外鴉片販子。不過他也清楚當時的形勢,他知道,外國的鴉片販子同中國鴉片走私者,甚至包括一些被賄賂收買的地方官、水師將台等,已經勾結在一起,形成了一個嚴密的販毒網,牽一髮而動全身,要打破它,不是一件容易的事情,所以必須想一個萬全之策才行。於是,林則徐開始了他的調查探情行動,以摸清底細,謀劃良策。他把欽差大臣的行轅設在越華書院,然後以欽差大臣的名義召集廣州越華、粵秀、羊城書院的肄業生數百人,宣稱要親自出題考試,檢查他們近來的學習成績。然而,考試是假,探情是真,林則徐在試卷內夾了條子,要求所有參加考試的學子們將個人所知道的有關鴉片的問題都寫出來。林則徐所出的問題非常廣泛,包括有哪些人在走私販賣鴉片,這些人所在的地方、販賣鴉片的時間、途徑、數量以及手段等,還包括哪些人行賄、哪些人受了賄,以及眾生對這次禁煙有什麼好的建議等。林則徐這樣做,不但為他收集了販賣鴉片的實際情況,而且激發起了學生的愛國熱情,使他的禁煙行動得到了民眾的廣泛支持。

林則徐經過調查了解掌握了情況後,一面與兩廣總督鄧廷楨、廣東水師提督關天培等一起通力合作,嚴拿販賣、走私鴉片之人;一面組織力量,通令嚴密監視英、美等國的鴉片煙商,責令他們在三日內交出鴉片,並立下保證,以後永不販運鴉片入中國。林則徐還立下了誓言:「若鴉片一日未絕,本大臣一日不回,誓與此事相始終,斷無中止之理。」

許多外國鴉片商看林則徐決心之大,行動之猛,都意識到形勢不妙,想要溜之大吉,結果被林則徐派出的清兵及當地百姓截住。英、

美鴉片商看出林則徐是動真格的了，只好交出鴉片二三七萬多斤。一八三九年六月三日，林則徐親自指揮，在廣州虎門海灘將收繳的鴉片全部燒燬。

先古聖賢姜子牙曾說：「先謀後事者昌，先事後謀者亡。」林則徐禁煙行動的成功，關鍵就在於他先謀而後動。他料定外國鴉片商決不會輕易交出鴉片，於是他便先量權，「度於大小，謀於眾寡」，不動聲色地了解到對方的實際情況，然後才以迅雷不及掩耳之勢突然出擊，收繳了大量的鴉片，從而取得了禁煙行動的勝利。

甚喜之時，不能隱情

揣情者，必以其甚喜之時，往而極其欲也，其有欲也，不能隱其情；①必以其甚懼之時，往而極其惡②也，其有惡也，不能隱其情。情慾必出其變③。

【註釋】

①揣情：揣度對方內心的隱情。極其欲：最大限度地刺激對方的慾望。②惡：指厭惡、害怕之事物。③變：此指變化中的情態。

【譯文】

揣度對方內心的隱情，必須在他最高興、喜悅的時候去迎合他，儘力去刺激並滿足他的慾望，在他吐露慾望的時候，就隱瞞不住其真情實感了；必須在他最恐懼、厭惡的時候去見他，最大限度地去誘發他的恐懼感，對方有恐懼憎惡心理的時候，他內心的真實想法就隱藏不住了。人的內心情感與慾望會在他的情緒極端變化的時候不自覺地顯現出來。

【智慧全解】

人的情緒是非常奇妙的東西，雖然無影無形，卻能支配我們的生活。有時候我們感覺自己精力充沛，任何問題也難不倒我們，這是亢奮的情緒在支配著我們；有時候我們覺得萎靡不振，覺得手上的事情

無法完成，這是沮喪的情緒在支配著我們。人的情緒雖然看不見摸不著，卻具有巨大的力量，不容小覷。

人的情緒在與人溝通中也能起到重要作用。學會觀察、引導、利用他人的情緒，巧妙地放大別人的情緒並使之為我所用，溝通就能順利暢達，我們的目的就能順利達成。那麼，我們該如何引導利用他人的情緒呢？鬼谷子為我們提供了答案。

鬼谷子認為，要想從別人那裡得到我們想要的信息，或者讓別人答應我們的要求，就要善於揣摩對方的情緒。一個人在平靜理智的時候，戒備心最重，這時我們就要停止打探，再尋找機會。我們要等對方情緒有大的波動時，再放大他的情緒，巧妙地利用情緒達到我們的目的。

鬼谷子說：「必以其甚喜之時，往而極其欲也。」意思是說一個人在極為興奮的時候很容易情緒失控，這時如果我們抓住機會錦上添花，讓他更加興奮，那麼，他一高興，就會吐露出真實情況，即「不能隱其情」，這是我們探其真情的最佳時機，十有八九問什麼，他就告訴我們什麼。

鬼谷子又說：「必以其甚懼之時，往而極其惡也，其有惡也，不能隱其情。」意思是說當對方遇到困難，臉上出現恐懼的神情時，我們要巧妙地用語言使之更加恐懼。一個人往往在恐慌之時，會失去理智，此時我們詢問他，也會輕易得到我們想要的信息。

總之，在他人情緒有大的波動時，我們善加利用，最容易得到我們想要的信息，這就是鬼谷子所說的「揣情」「情慾必出其變」。

【閱讀延伸】

東漢和帝時期，有一位名叫竇憲的權臣。他仗著自己的妹妹是皇后，便在朝中飛揚跋扈，不可一世，搞得朝中大臣整日處於惶恐之中。

有一年，竇憲納妾，地方官員紛紛前來送禮道賀，以示巴結之意。漢中郡太守也準備了一份厚禮。太守手下有一個相當聰明的人，名叫李命，此人辦事謹慎細心，行事穩當妥帖，他認為竇憲專權，樹敵太多，當下雖然顯赫，但日後必有殺身之禍，於是勸太守不要與竇憲有過多交往。李命說：「有史以來，凡是專橫擅權的外戚沒有一個得到好下場的。當今竇憲以將軍和皇親國戚自居，為所欲為，橫行霸道，要不了多久，他就倒楣了，希望大人能一心一意敬奉皇上，不與竇將軍交往，不送這份賀禮，以免受到牽連。」

太守聽了李命的話，雖然覺得非常有道理，可是又擔心得罪了竇憲，最後還是決定派人送禮。李命見阻止不了太守，就主動請求去送禮：「如果太守執意要送這份禮，我也沒辦法，不過請您把送禮這個任務交給我吧，我保證讓大人滿意。」太守答應了李命的請求。

李命攜帶太守的厚禮上路後，馬上讓人打探京城的情況。當時，朝廷中的外戚勢力與宦官勢力之間積怨甚深，到處流傳著皇帝對外戚不滿的傳言。李命了解到這些情況後，猜測到不久後朝中就會發生大的變故，所以他命令隨從慢慢前行，故意拖延時間，以觀其變。沒過幾天，當他們走到扶風的時候，京城就傳出消息，說竇憲自殺了。原來，漢和帝收到消息，說外戚集團中有人要謀害自己，就支持中常侍

宦官鄭眾，捕殺竇憲同黨，竇憲知道自己逃不過這一劫了，於是便自殺了事。李命得到消息後，淡然一笑，馬上帶領隨從打道回府，向太守覆命去了。

竇憲死後，他的親信、與其來往的人，有很多被殺、被關、被管制，而漢中太守卻絲毫沒受到波及。經過此事後，太守對李命佩服之至，信任倍增。

李命可謂是「揣情」的高手，他早就預知到竇憲因過於張狂必然會倒楣，就勸說太守勿與其來往。太守不聽，於是李命就在去送禮的途中又揣情獲得朝廷的信息，然後決定拖延時間，最終保全了太守。從這裡可以看出，決定事情成敗的一個重要因素就是獲得情報的多少。這就是鬼谷子揣情的意義。

以其見者，知其隱者

感動而不知其變者，乃且錯其人，勿與語而更問其所親，知其所安。①夫情變於內者，形見於外。故常必以其見者而知其隱者，此所以謂測深揣情。②

【註釋】

①感動：觸動人的情感。錯：同「措」，安置。 其所親：他所親近的人。安：此指心意所在。②見：同「現」，表現出來。測深：探測內心深處。

【譯文】

如果觸動了對方的情感但仍然不知道他內心的變化，就暫時把他放在一邊，不與他進行語言交流而改為問他身邊親近的人，了解他的心意所在。人的情感在內心發生變化的時候，一般會對外表現出來。所以常常可以通過外在的表現去推測人的內心實情，這就叫作「測深揣情」。

【智慧全解】

在此，鬼谷子提出了「以其見者而知其隱者」的觀點，也就是通過對方的外在表現去推測他的內心實情，鬼谷子稱之為「測深揣情」。

與人打交道，既有合作，又有競爭；既有對親人的愛護，又有對仇人的憎恨。這些心理活動及內心意圖通常會反映在具體的態度、姿勢上。所以我們就可以通過別人所表現出來的態度、姿勢來了解他的心理活動和真實情況。人的態度會表現出他的心理意圖，而態勢則會將各種各樣的心理活動作為一個整體特徵表現出來，反映出人心裡的情感、情緒。當我們看到一個人正垂頭、屈膝、弓腰、駝背的態勢時，我們可以判斷此人心理處於一種沮喪的鬆弛狀態；當我們看到一個人正不斷神經質地搖擺，雙手不知放於何處、眼睛四處觀望的態勢時，我們可以判斷此人心裡很緊張。與人交談，如果對方由剛開始的普通姿勢轉換成抱著胳膊、架起二郎腿，頭往上揚的姿勢，這說明他可能有不同的意見要發表，說明他對現有的談話內容感到無聊，或者說談話內容對他有反面刺激，產生了難以忍受的疏遠感或被拒之門外的感覺。

　　有這麼一個小故事：一天，德謨克利特在街上偶然遇見一位熟識的姑娘。德謨克利特便同她打招呼：「姑娘，你好！」第二天，德謨克利特再一次碰到與頭一天同樣打扮的那位姑娘時，卻這樣打了個招呼：「這……這……這……位太太，你好！」德謨克利特這樣一語道破，便轉身離去。一夜之間成為「太太」的那位姑娘被德謨克利特看穿時，臉上湧起了羞慚的紅潮。那麼，德謨克利特是如何看穿那位姑娘一夜之間變成了太太呢？這是他仔細觀察那位姑娘的臉色、眼睛的活動、面部表情及走路姿勢的結果，由此可見心理活動容易從態勢上表現出來。

　　心理學研究證明，外界事物對人大腦的刺激，往往會使人體內部

某些相應組織的機能在短時間內出現異常現象。意思是說，人的喜怒哀樂，不僅是通過口頭語言，在更多情況下是通過人的肌體來表現的。另一方面，由於個性差異，每個人的思想和感情的流露，又多包含在一種與眾不同的習慣性動作、神態當中。所以，在與人交往中，如果我們善於從對方的態度、姿勢兩個方面洞察對方，那麼我們就算成功了一半。

不過，鬼谷子在這裡所講的「以其見者而知其隱者」，要比日常我們所理解的察言觀色要嚴謹、高明得多。平時我們所說的察言觀色，主要是我方處於被動，需要觀察對方的臉色行事。而鬼谷子在此所說的察言觀色，是我方占主動，我方先制訂計謀，接著就是實施計謀。在實施過程中，要將對方仔細觀察，摸透對方的內心反應，而後再行動。

總而言之，在與人打交道時，我們要學會從對方的外在表現，如言語、舉止、態度等各個方向去揣摩對方的內心情感，該進則進，該退則退，這樣我們的目的就能達成。否則，很有可能因為言辭的失誤而惹出麻煩。

【閱讀延伸】

春秋時期，趙國之中還有一個國中之國——中山國。中山國的君王有兩位寵姬——陰姬、江姬。為了爭奪王后之位，這二人展開了博弈，諸位大臣也為自己看中的王后人選爭鬥不已。一個名為司馬喜的大臣選中了陰姬作為自己的盟友，謀劃幫助陰姬登上後位，以便為自己謀求利益。

司馬喜先找到陰姬的父親，遊說道：「俗話說父憑女貴，如果陰姬能成功爭得王后之位，您就能得到封地；如果失敗了，恐怕您的身家性命難保了。您要想陰姬成功，就讓她來見我。」

陰姬父親馬上允諾：「如果先生能促成此事，我父女一定謝以厚禮！」陰姬父親當即拜託司馬喜協助陰姬爭奪王后之位。

司馬喜經過一番籌謀後，寫了一個奏摺上遞給中山王，奏摺中說：「臣有一良策，可以削弱趙國，強盛中山。」任何君王讀到這樣的奏摺都會滿心歡喜，於是中山王馬上召見司馬喜，請他詳陳強國之策。

司馬喜對中山王說：「大王，臣請出使趙國，去詳細觀察趙國之地形險易、百姓之貧富，察看他們君臣之間的關係，仔細對比敵我雙方力量之後，臣再向大王細陳強國之策，還請大王恕臣現在不說之罪。」

中山王答應了，很快派司馬喜去了趙國。

司馬喜一到趙國，就求見了趙王，他對趙王說：「臣很早就聽說趙國盛產美樂和佳人。可是臣覺得不然。這次臣來貴國，一路走來，仔細看了百姓民俗、容貌顏色，跟以前聽說的並不一樣啊！臣經常到各國遊歷，也算見多識廣了，可是還從來沒見過有比中山國的陰姬更美的女子。不知道的，還以為她是神仙下凡呢，她的容貌已經如此美麗了，可是她的眉目、鼻子、臉蛋、額頭、髮式，處處都散發著一種古帝王之後的氣韻，絕非等閒諸侯的姬妾。」

趙王聽了，不禁意動神迷，問道：「我請中山王將陰姬讓給我，先生覺得怎麼樣？」

司馬喜故作惶恐，說：「臣只是覺得陰姬國色天香，就忍不住對大王說了。如果大王想得到她，那臣就不敢參與了，還請大王不要說是聽臣講的這些。」

司馬喜告別趙王后，很快回到了中山國，對中山王說：「臣去趙國，仔細觀察一番，發現趙王乃好色之人，一無賢德，二無仁義。臣聽說趙王特別想得到我國的陰姬。」

中山王一聽這話，臉色頓時不好看了。

司馬喜見中山王變了臉色，稍稍停了一下，又接著說：「趙國實力強盛，趙王想得到什麼一定會得到。大王如果不答應，中山國就危險了。如果大王答應了趙王的要求，大王就會成為各諸侯的笑柄。」

這話聽得中山王又生氣又恐懼，哪裡還記得司馬喜的強國之策呢？他沉默了一會兒，又問司馬喜：「現在該怎麼辦呢？」

中山王的反應正是司馬喜所希望的，司馬喜心中竊喜，馬上獻上自己的「良策」：「臣有個建議，大王可以儘快立陰姬為王后，這樣就絕了趙王的心願。因為從古至今，還從來沒有搶他人王后的，就算趙王不顧廉恥來強取，鄰國也不會答應。」

中山王聽了司馬喜的好計策，根本不作他想，馬上下旨立陰姬為王后。而趙王也沒有向中山王提出索要陰姬的要求，司馬喜的騙局可謂是滴水不漏。

後來，司馬喜成為中山國相國，非常受中山王寵信，這其中陰姬自然出了不少力。

司馬喜的成功正是因為他從中山王的神色、姿勢中窺知了他的內心想法，成功地牽制了他的情緒，激發出中山王內心的情感。中山王所透露的憎惡、憤慨、憂恐之情正是司馬喜所希望的，司馬喜一邊誘導，一邊不斷觀察中山王的表情變化，當中山王的那些情感被成功激發出來顯現於外時，司馬喜便順勢收尾，為自己的計謀畫上了圓滿的句號。

若非揣情，無所索之

故計①國事者，則當審權量；說人主，則當審揣情。謀慮②情愁，必出於此。乃可貴，乃可賤；乃可重，乃可輕；乃可利，乃可害；乃可成，乃可敗。其數③一也。故雖有先王之道、聖智之謀，非揣情，隱匿無所索之。④

【註釋】

①計：合計，謀劃。②謀慮：計謀打算。③數：道理。④先王之道：指古代聖君賢王治理國家的成功經驗。索：尋求，得到。

【譯文】

所以謀劃國家大事，就用量權之法，對這個國家的綜合國力仔細考量；遊說君主，就用揣情之法，對遊說對象的心理進行仔細探尋。一切謀略和考慮都是以此為出發點的。善於運用量權和揣情之術的人，可使自己獲得富貴，使別人落於貧賤；使自己得到重用，使他人受到輕視；使自己獲得利益，使他人受到損害；使自己贏得成功，使他人落入失敗。其中的道理是一樣的。因此，即使具有先賢的經驗、聖人的謀略，若不用揣情和量權之術，也不能把那些隱蔽的東西弄清楚。

【智慧全解】

鬼谷子說：「非揣情，隱匿無所索之。」意思是說，如果不用揣

情、量權之術，是不能把對方隱蔽的東西搞清楚的。鬼谷子在此強調的仍然是在制訂計謀之前，要先揣摩清楚對方的實情，在此基礎之上進行縝密的分析、判斷，才能制訂出最佳的行動方案，達成我們的目的。也就是我們常說的「知己知彼，方能百戰不殆」。鬼谷子認為，揣情之術是策劃計謀的前提條件，是遊說君主的基本法則。

孫子兵法曰：「勝兵先勝而後求戰，敗兵先戰而後求勝。」意思是說，打勝仗的軍隊總是先謀取必勝的形勢，然後才對敵方宣戰，打敗仗的軍隊總是先打仗，然後才去謀求勝利。孫子兵法的主張與鬼谷子相同，要使戰爭必勝，在作戰之前，首先要做到「知己知彼」，如此才能「百戰不殆」，也就是要先知曉敵我雙方的情況，預先掌握信息，依據整體型勢進行戰前謀略。這就是鬼谷子所說的揣情之前提，「謀慮情慾，必出於此」。當然，在整個過程中，一定要講求客觀實際，千萬不可靠主觀臆斷、迷信推想。

有些時候，由於條件所限，我們可能無法直接觀察到對方的行動，這時就需要去了解與對方有所接觸的其他事物，特別是與之直接發生作用的事物。這些事物會像鏡子一樣將對方的狀態、動向真實地反射出來，幫助你做好準備，這樣制訂出的計謀才能合情、合理、合意，才能達成我們的目的。

【閱讀延伸】

南宋時期，宋金經常發生戰爭。一一四〇年，金太祖任四太子兀朮為元帥，率領十萬精兵，瘋狂地進攻南宋，企圖以武力逼迫南宋屈服。

形勢萬分危急，宋高宗惶恐不安，急命岳飛率軍前往抗金。岳飛率領數萬岳家軍，從湖北出發，迅速進入河南中部，多次擊敗金軍，占領軍事重鎮穎昌府（今河南許昌）、淮寧府（今河南淮陽），並乘勝進攻一舉收復了鄭州、西京河南府（今河南洛陽東）等地，打得金軍畏懼不已。

　　金兀朮仔細觀察分析了岳家軍的情況，看到岳家軍兵力分散，而岳飛只帶了為數不多的軍隊駐守在郾城（今屬河南），便率常勝軍「鐵塔兵」一擔五萬人，直插郾城，想一舉消滅岳家軍的指揮部。

　　岳飛得到消息後，心裡一頓驚慌，決定迎戰，因為在此之前，宋軍吃過「鐵塔兵」「枴子馬」的大虧，好幾次戰役，宋軍都被這兩支金兵打得落花流水，可又無計可施。原來，金兀朮的「鐵塔兵」是他從全軍中精挑細選出來的親兵衛隊，這支部隊的士兵全都頭戴鐵盔，臉罩鐵網，身披鐵甲，腳穿鐵鞋，總之，全身上下，除了兩隻眼睛，其他部位全被鐵罩著，真的成了刀槍不入的「鐵布衫」。「枴子馬」呢，是把戰馬從頭到尾覆蓋上鐵甲，只露出四隻馬腳，鐵兵騎在鐵馬上，有強大的衝擊力和保護力，實在是厲害至極，成了鋼鐵盾甲之旅，令宋軍吃盡了苦頭。如今這支部隊前來攻擊，岳飛哪能不擔憂呢？

　　不過，岳飛也僅僅是擔憂了一陣而已，他並沒有像其他人一樣聞風喪膽，他靜下心來，仔細總結以往宋軍失敗的教訓，認真分析金軍裝備和作戰的特點，然後對作戰方式進行改進，制訂了一系列新的戰術，這才宣布作戰。岳飛警告士兵們，右手要緊握麻繩大刀，左手拿著盾牌。衝入敵陣後，用盾牌保護好自己，切不可讓「鐵塔兵」的長

槍、大刀傷著自己。在戰場上，不要急於和對方拚命交戰，要儘可能用繩索絆住對方的馬腿，用大刀砍對方的馬蹄。

戰鬥開始後，岳家軍在戰場上開始運用這種新的戰術，「柺子馬」每三匹連在一起，一隻「柺子馬」一旦被絆倒或砍傷，其餘兩匹也就失去了作用。而且，前面的「柺子馬」倒了，後面的「柺子馬」衝上來，人馬互相踐踏，亂作一團。

岳家軍奮起攻擊，很快就把金軍殺得人仰馬翻，屍橫遍野，一舉殲滅了金兀朮經營多年的撒手鐧，取得了勝利，這就是歷史上有名的郾城大捷。

岳飛大破「柺子馬」可謂是精彩無比，堪比神話。岳飛的勝利，正是基於對金軍的細緻觀察，對敵我雙方各方面情況的認真總結分析，做到了「知己知彼」，從而使其在指揮中避免了盲目性和主觀隨意性。岳飛的戰術完全符合客觀實際，這才真正做到了「百戰不殆」。

最難守司，時有謀慮

　　此謀之大本也，而說之法也。^①常有事^②於人，人莫能先，先事而生，此最難為。故曰揣情最難守司，言必時有謀慮。^③

【註釋】

　　①本：根本。法：普遍的法則。②有事：指策劃、實施某一行動。③守司：掌控，把握。時：窺伺，暗中審察。

【譯文】

　　可見，量權和揣情是謀略的根本，是遊說的法則！對人實施揣情、量權之術，沒有人能夠與之爭先，在辦事之前預先設計好揣術，這是實施揣術最難做到的。所以說，揣情之精髓是最難掌握的，遊說時一定要時時謀慮，小心應對。

【智慧全解】

　　鬼谷子認為在辦事之前預先設計好謀略，是最難辦到的，所以他說：「言必時有謀慮。」的確，預測未來、揣摩他人的心事是最難掌握的。即使如此，還是有許多專家、節目在預測未來，這些預測很大程度上只是滿足觀眾的心理需求，看準了觀眾想聽什麼，然而迎合觀眾而說的。不過，不得不承認，能說出大眾想說的話，也是一種本事，這也正是鬼谷子所說的「揣情」。

過去的遊說之士採用的也正是這種方法，他們仔細體味揣摩君王的真實想法，然後去遊說，而不是一味地靠花言巧語、口若懸河的口才。假如君王心思縝密，難以琢磨，就算你口吐蓮花，也是白費口舌，縱使你說破嘴皮子，也無法說動他。

很多時候，我們會為說服某個人而沾沾自喜，其實不然也，對方之所以能被說動，只是因為他從內心本來就萌發了做某事的念頭，我們只是適時地點撥了他而已。在與人打交道的過程中，揣度好對方的真實想法，做到有的放矢，就算是再固執的人，也一樣會被我們說動。

揣情，特別是揣度對方隱匿的情、不願為外人道的情，是「此謀之大本也，而說之法也」。因此，揣情要依賴細緻的觀察，廣博的見識，還要靠多站在對方的立場上去思考。顯然，後者要比主觀上的知識更重要一些。我們知道，真正的痛苦是那種說不出來的痛苦，暗中渴求的慾望也往往是隱晦不宣的。我們只有設身處地地為對方考慮，站在他的角度去思考，才能準確地摸清他的需求、他的想法，才能更準確地揣情。

揣情雖然「最難守司」，但只要我們時有謀慮，還是可以做到的。只要做到了揣情，我們就能在紛繁的世事中撥開雲霧見明月，透過現象看到本質，這樣做事，哪裡還有不成功的呢？

【閱讀延伸】

明朝宣德年間，全國上下有一個地方最難治理，令不少官員頭痛不已，這個地方就是蘇州（今江蘇蘇州）。後來，楊溥、楊士奇，楊

榮三位輔國大臣經過一番商議，決定推薦足智多謀的況鍾任蘇州太守，前去治理。

鑒於蘇州難治的現狀，宣德皇帝在況鍾前往蘇州赴任之前，賜給他一道聖旨：可以「便宜行事」，也就是說，況鍾在蘇州可以自作主張以治之。況鍾揣著這道強力支持自己的聖旨出發了。

到了蘇州，況鍾並沒有「新官上任三把火」，一去就大刀闊斧地幹起來，而是裝出一副懵懵懂懂的樣子，屬吏送來文書，不加細審，一律照準。那些奸猾吏員見狀，以為又來一個無為之官，便更加肆無忌憚、無法無天起來，直把蘇州攪得烏煙瘴氣。

就這樣過了一個多月，況鍾把屬員的忠奸、好壞摸了個一清二楚。這時的況鍾再也不是那副渾渾噩噩的樣子了。他兩眼放光，精神十足，突然宣布擺好香燭，命司禮官當眾宣讀聖旨。眾屬吏一聽有聖旨，全都大驚失色，當聽到聖旨中「若僚屬行為不法，可逕自拿問治罪」等詞句時，不法屬吏們更是嚇得渾身像篩糠一樣地顫抖起來。讀完聖旨，況鍾立即升堂，拿出判筆，一一列數不法屬吏們這一個月來的不法罪行，並命手下人將他們脫去衣服，當眾打死在大堂之前。

從此以後，蘇州吏員洗心革面，痛改前非。況鍾治下一改往日的混亂腐朽局面，呈現一片清明、安寧之象。

很多時候，隱己是為了摸清情況，查明虛實，以便制訂應對之策。然而，正如鬼谷子所說「人莫先事而至，此最難為」，況鍾之所以能夠一舉成功，其關鍵就在於他摸清了敵情，籌劃好了切實可行的實施措施，而且還沒被人看破。況鍾真可謂揣情之高手。

揣情飾言，而後論之

故觀蜎（juān）飛蠕動①，無不有利害，可以生事。美生事者，幾之勢也。②此揣情飾言成文章③，而後論之也。

【註釋】

①蜎飛蠕動：小蟲子的飛行爬動。②美生事：產生大的事端。幾：幾微，事物微小的徵兆。③飾言：修飾言辭。文章：文辭，說辭。

【譯文】

即使是小蟲子的飛行與爬動，也隱藏有利害關係，由此可以生出種種事端。大的事端生出來，通常都有小的徵兆。這就要求我們掌握揣情術，善於修飾言辭，使之富有文采、條理通順、有煽動性，然後再採取有目的的行動進行遊說。

【智慧全解】

在此，鬼谷子所說的「揣情飾言，而後論之」，其主旨意思就是說話要看時機，在對的時間裡說對的話，所說的話才能產生應有的效果。

古人作戰，講究天時、地利、人和，而天時就是時間對戰局的重要性。在現代生活中，無論是職場陞遷，還是商場談判，都講究「天

時」，即時間的學問。人們常稱職場新人為「愣頭青」，其意思就是這種人辦事說話從不等時機，只是憑著一股拚勁，直衝而上，這種人做事往往效率較低。縱觀那些成功人士，我們會發現，這些人雖然有著不同的經驗，但其中卻有著一個共同點，那就是做事需要溝通，說話會看時機。比如說有些人在參加聚會發言時，會臨場應變，把發言的內容跟當下的場景結合起來，結果話語直達人心，給人留下深刻的印象。一些職場人士在沒有出名之前，或許人微言輕，但是如果抓住了說話的時機，說出的話貼切真實，也能夠引起人們的重視，給人留下深刻的印象，說不定還能助他平步青雲，直達成功。

鬼谷子說「蚋飛蠕動，無不有利害，可以生事」。小小的蟲子都知道藏己而後動，我們更應如此，要學會有話藏著慢慢說，在等待時機的過程中很好地做到「三思而後行」，這樣說出的話才有分量，才能直入他人心坎。輕易說出的話通常沒有經過時間的沉澱，不夠謹慎，輕飄飄地從他人耳邊一過了之，根本起不到應有的作用，嚴重的可能會惹來麻煩，遭到他人的厭惡。

人的大腦每天接收和處理的信息數不勝數，「智者千慮，必有一失」，事情想得不周全，必然會有失誤，這是在所難免的。所以我們在開口之前，要把言辭在我們頭腦中轉悠幾圈，等待合適的時機再說出來。讓話語在頭腦中轉悠轉悠，可以彌補思慮的不周，可以提升表述水平，讓自己的言辭更豐滿、更合情合理，從而使自己在關鍵時候表現得更出色。

【閱讀延伸】

漢武帝劉徹有位乳母，劉徹對這位乳母非常敬重，關愛有加。有一次，乳母在宮外犯了罪，被官府抓了，官員將事情稟告漢武帝。這一下漢武帝犯了難。俗話說，天子犯法，與庶民同罪，何況乳母呢？如果不給乳母論罪處置，自己天子的尊嚴就不復存在了，以後拿什麼君臨天下？可是，這位畢竟是自己的乳母啊，老話說「滴水之恩，當湧泉相報」，何況自己是吃他的乳汁長大的呢？這是多大的恩情啊！自己怎能忍心處置，這不是忘恩負義嗎？

漢武帝思慮再三，還是決定以大局為重，依法處置自己的乳母，以維護自己的天子尊嚴。

自己奶大的孩子，乳母哪裡不知道他是什麼樣的人呢？乳母知道這一次自己凶多吉少，情急之下便想起了能言善辯且正受皇帝信任的東方朔，請求東方朔救救自己。

東方朔也犯了難，想了好半天，才說：「活命的辦法還是有的，不過還得靠你自己。」

乳母一聽有救了，眼睛頓時一亮，急問：「先生快說，什麼辦法？」

東方朔說：「辦法也很簡單，你只要在被抓走的時候，不斷地回頭注視皇帝，但有一條，你千萬不要說話，這樣或許還有一線生機。」

乳母有些不信這樣就能救自己，也不理解這其中有什麼玄機，但

還是點了點頭。

很快乳母被傳訊，這時乳母故意走到漢武帝面前向他辭行，用哀怨的眼神注視著武帝，幾次欲言又止。漢武帝看著她，心裡很不是滋味，有心想赦免她，又苦於君無戲言，無法反悔。

此番情形全落入一旁側立的東方朔的眼中，他看時機成熟，便走了過去，對乳母說：「你快走吧，別痴心妄想讓皇上饒了你，現在皇上已經長大成人了，再也不需要靠你的乳汁活命了，你趕緊走，不要再看了。」

漢武帝當然聽出了東方朔話裡的意思，又想起了小時候乳母對自己的百般疼萬般寵，終於不忍心看乳母被處以刑罰，所以法外開恩，將她赦免了。

東方朔之所以能成功救下那位乳母，正是瞅準了說話的時機。漢武帝本來就心疼乳母，只是為了大局才不得不下狠心處置她的，又看到乳母一步三回頭的哀戚模樣，心裡更加不忍，這時東方朔開口，正合皇上之意，漢武帝當然借坡下驢，饒恕了乳母之罪。東方朔「此揣情飾言成文章，而後論之也」，故而勸說成功。

摩篇第八：
謀之於陰，成之於陽

　　「摩」，揣摩，推測。本篇是揣篇的續篇，當揣測不出對方實情時，應運用「摩術」進一步試探，然後觀察對方的反應，以了解實情。揣篇著重論述揣度對方的內心實情，摩篇著重論述揣情的方法，所以說，「揣術」與「摩術」合在一起就是「揣摩術」，即揣情摩意的一種智謀。

摩之在此，符應在彼

摩者，揣之術也。①內符者，揣之主也。②用之有道，其道必隱。微③摩之，以其所欲，測而探之，內符必應。其所應也，必有為之。故微而去之，是謂塞窌（jiào）、匿端、隱貌、逃情，而人不知，故能成其事而無患。④摩之在此，符應在彼，從而用之，事無不可。

【註釋】

①摩：本指切磋、研究，這裡指揣測對方心理。術：方法，手段。②內符：符於內，即見外符而知內情，指通過觀察對方的外在表現而準確地判斷出其內心實情。主：主旨，目的。③微：微暗，暗地裡。④去：離開，指巧妙地保持一定的距離。塞窌、匿端：堵塞漏洞，隱藏頭緒。窌，方形地窖，引申為漏洞。隱貌：隱藏起己方的外在表現。逃情：隱藏起己方的內心真情。

【譯文】

摩是揣術的一種手段。人內心的真實想法肯定會表露於外，通過摩的手段將人內心隱情暴露出來為我所知，這是揣的主要目的。隱蔽是摩術運用規律的關鍵。暗暗地運用摩的手法，根據對方的需要，順著對方的慾望去探測他的內心世界，其內心真實的想法在慾望的驅使之下，一定會有所反應。只要有了反應，在外部表情中顯露出來，我們就能夠有所作為。當我們的目的達到之後，再悄悄地離開，這就叫

作堵塞漏洞，隱藏頭緒，把己方的外在表現與內心想法都隱藏起來，不洩露己方的表情，讓對方及他人都不清楚己方的行為與心理，這樣事情辦成功了，而且不會留下禍患。我們用滿足對方慾望的辦法去引誘他，對方一定會有行動反應，然後我們就根據他的反應來行事，這樣就沒有什麼事情做不成功了。

【智慧全解】

鬼谷子在此提出一種「摩」術，也就是通過言語刺激等手段，讓對方充分暴露出真實想法，然後據此來揣情。鬼谷子強調使用摩術貴在隱蔽，不暴露出自己的實情，要「摩之在此，符應在彼」，說白了，就是「人在明處，我在暗處」。這是所有謀略家所追求的境界，更是在人際交往中進退自如的法則。

歷史上很多謀略家、軍事家曾成功地運用了這種策略，取得了勝利。例如，西元前三四一年，魏國太子申和大將龐涓率軍十萬攻韓，齊國派兵救韓。大將田忌採用軍師孫臏之計，直撲魏國都城大梁。魏軍回兵救大梁，孫臏向田忌建議，採用佯退示弱、誘敵來迫的方針。齊軍每天減少燒飯的灶數，造成齊軍不敵而逃亡大半的假象。龐涓誤認為真，便率部分兵馬追擊，結果在馬陵被孫臏的伏軍萬箭截殺，龐涓兵敗最後被殺。齊軍乘勝追擊，大獲全勝，俘虜了太子申。

孫臏用減灶的方式，故意向龐涓示弱，讓龐涓相信齊軍已逃亡大半而沾沾自喜，從而產生輕敵的心理。實際上，齊軍實力絲毫未損，最終在馬陵之戰中射殺龐涓。

在戰爭中，隱藏自己的實力以麻痺敵人，是一條行之有效的策

略，這樣可以讓對手產生輕敵的心理，等到敵人大意而來，所有的弱點也就暴露在我方的面前，這時我們再出以重擊，就能一舉擊潰對手。

隱藏自己、揣摩對方時要及時反思、總結，以觀察自己揣摩的結果是否正確有效，防止揣摩走入歧途；更要細心、謹慎，當事情進展到一定的時候及時抽身而退，讓外人毫無察覺，以絕後患。這就是鬼谷子所說的「微而去之，是謂塞窌、匿端、隱貌、逃情，而人不知，故能成其事而無患」。要做隱藏在背後的推手，而不做搶占風頭的小兵。古往今來，最早死的都是鋒芒外露的人。如果是好事情，把功名讓給領導，這樣你才能在以後的生活中獲得更多的機會；如果是壞事，更要隱藏好自己，不能因此為自己埋下絆腳石。

「摩之在此，符應在彼」，說起來簡單，做起來卻不易，它需要有大智慧，大膽識，這樣才符合鬼谷子所說的「成其事而無患」的要求。不過，摩之術一旦運用熟練，可保事業無憂，前程無量。

【閱讀延伸】

西漢謀士張良，智慧過人，屢出奇計，為西漢的建立立下了汗馬功勞，劉邦讚他「運籌帷幄之中，決勝千里之外」。然而，這個評價還不足以概括張良的全部智慧，他最大智慧卻在於善於隱藏自己的智慧，從而保身避禍。

漢朝建立後，劉邦大肆封賞，作為大功臣，張良的賞賜自不會少。劉邦讓張良自選齊地三萬戶，作為封邑，可張良卻拒絕了，很多人對此表示不解。同朝的陳平也納悶至極，便問張良：「先生功高蓋

世，理當受封，為什麼要拒絕呢？我們追隨皇上出生入死，不就是為了能盡享榮華、福蔭後世嗎？現在終於得償所願，先生怎能輕言捨棄呢？」張良聽後，只是笑了笑，沒有回答。

陳平見他只笑不語，又問：「先生智慧超群，非常人不能比也，難道是先生另有謀劃？」話說到這分兒上，張良不能不言語了，他說：「我家世代輔佐韓國，秦滅韓時，我有幸活了下來。現在大仇已報，我已經沒什麼遺憾的了。現在我只想追隨仙人遊歷四方，逍遙度日。」

從那以後，張良果如其言，整日閉門不出，在家潛心修練神仙之術。很多人對他的行為無法理解，有一次，他的心腹終於忍不住問：「世人任誰都不願放棄榮華富貴，現在功成之時，大人卻銷聲匿跡了，這樣是不是太可惜了？」張良長嘆一聲說：「這正是我選擇離開的原因啊！」

張良停頓了一會兒，才又壓低聲音說：「我年少之時，散盡家財，行刺秦王，追隨沛公，只擔心義不傾盡、智有所窮，所以才有了今天的虛名。現在天下大局已定，天下太平，謀略已經沒什麼用處了，我還顯擺什麼呢？謀有其時，智有其廢，進退應時，這才是智者所為。」

張良的這番話可謂肺腑之言，從來沒跟外人說過。好友來探望他，他也從來不與之議論時事。有段時間，劉邦要廢掉太子劉盈，大臣們紛紛來找張良商議此事。可是張良每次只是枯坐而不語。有一次，群臣又來，直到最後，張良才輕聲說了一句：「皇上既然這

樣想，一定有他的道理，身為臣子，怎麼能對皇上的意願妄加評議呢？」

大臣們聽了，只得無奈而去。張良的心腹也不解，說：「廢立太子乃是國家大事，大人怎麼能置之不理呢？」張良嘆息道：「我非常清楚皇上的性情，這種事牽涉甚多，就算是有心去理，也是心有餘而力不足，只會惹來一身的麻煩。臣僚們怪我事小，皇上怪我事大啊，我能怎麼辦呢？」

後來，為了太子之事，呂后派人來求張良，張良推辭不過，才給呂后出了主意，讓呂后請出商山四皓輔佐太子。劉邦對此四人一直很尊敬，看到這四人出山輔助太子，知道太子勢力已經逐漸強大起來，只得放棄了廢太子的念頭。

保住了太子，呂后要重謝張良，張良再次婉言謝絕：「這都是皇后的高見，與臣無關。此事不要再說了。」呂后聽說後，感慨道：「張良不居功是小，棄智絕俗才是大啊。我以前只知道他足智多謀，現在才知道他竟然如此深不可測。」

劉邦死後，呂后專權。張良仍然不問世事，任誰來求見，都概不接見。呂后見他一心鑽研養生之道，也就不再把他放在心上，反而對他愈發敬佩。後來，呂后對其他大臣不是殺就是貶，唯獨對張良禮遇有加，這都是因為張良善於藏智的緣故。

張良善謀更善隱，他是真正領悟了鬼谷子的揣摩之術，把它運用到了最高的境界。有功而不倨傲，功成而悄悄隱退，可謂是看透世間人情，悟透君主之心，把智慧謀略運用得爐火純青，完美地保全了自己。

主事日成，而人不知

古之善摩者，如操鈎而臨深淵，餌而投之，必得魚焉。[①]故曰主事日成而人不知，主兵日勝而人不畏也。[②]

【註釋】

①鈎：釣鈎。餌：魚餌，誘餌。此處指把魚餌別在魚鈎上。②主事：此指主持國家政治、經濟大事。主兵：指揮戰爭。人不畏：士兵相信統帥的謀略而不畏懼敵人。

【譯文】

古代那些擅長使用摩術的人，就像拿著釣鈎坐在深淵邊上，裝上釣餌，投入水中，一定能夠釣到魚。所以說，這種人主持國家政治、經濟大事，每天處理事務都能成功而別人卻無法感受到；指揮軍事，每天都能打勝仗，士兵相信統帥的謀略而不懼怕敵人。

【智慧全解】

鬼谷子在此強調了「高調做事，低調做人」的智慧，即「主事日成，而人不知」。低調做人就是用平和的心態去看待世間的一切，這是一種大智慧，能使你在與人共事的時候留有較大的迴旋餘地，更好地保全自己。

古語云：「曲高者，和必寡；木秀於林，風必摧之；人浮於眾，

眾必毀之。」一個人應該和周圍的環境相適應，適者生存，這樣才能有一顆平凡之心，才不至於被外界左右，才能冷靜務實，這是一個人成就大事的最起碼的前提。當今社會，世事繁雜，世態紛擾，只有低調之人才能夠堅持淡定從容的志趣，以平和樂觀的心態來面對變幻莫測的人生，才能夠在社會這個紛繁的大舞台上扮演好自己的角色，做最後的強者。

許多人曾向李嘉誠請教怎樣才能做好生意，而李嘉誠總是用同一句話回答：「樹大招風，保持低調。」他這樣解釋這八個字的意思：「無論做什麼事都要以一種低調的合作態度與人打交道，談生意也一樣。」在與人打交道中保持低調，別人會覺得與你相處很舒服，不拘謹，你也會獲得他人的敬佩和認可，從而建立良好的關係。

縱觀古今中外，我們往往會發現：大凡高標處世者，其做人的基調都很低；大凡低調做人者，其處世的標準都相當高。於是，就產生了一種奇妙的因果關係：越是低調做人者，越能成就大事；越是功成名就者，越是低調做人的典範。

做人不招搖，不在別人面前顯擺自己，凡事做到心中有數，自己有本事要在最恰當的時候拿出來，即使成功也不驕傲，這樣做人才是大智慧。

生活中，並不是所有成功者都甘願保持低調，很多人都懷有「衣錦還鄉」的情懷，還有很多人在高調創造名氣。當今社會，名氣就是價值，誰會心甘情願放棄這種好機會呢？可見成功不易，成功之人保持低調更不易，要想真正做到低調，真的需要好好揣摩，認真領悟。

【閱讀延伸】

東漢開國名將馮異自幼飽讀詩書，熟讀史書，精曉軍事，為人氣度宏大，識事深邃。年輕時曾在王莽新朝穎川郡任要職，掌管該郡五縣防務。

王莽新朝末期，天下戰亂紛起，亂世出英雄，當時湧現出許多英雄人物。這時馮異對穎川郡最高長官苗萌說：「如今英雄壯士起兵的不少，但多為暴虐蠻橫之徒。據我觀察，發現劉秀言語舉止不俗，絕非平常之人，我們可以投靠他建功立業。」

苗萌贊同，二人很快投到劉秀麾下。劉秀熱烈歡迎，當即任命馮異為主簿，苗萌為從事。從此，馮異成了劉秀的重要謀士和得力戰將。

此後，馮異跟隨劉秀南征北戰，出謀劃策，運籌帷幄，決勝千里，取得了一個又一個勝利，盡顯英雄本色。儘管馮異戰功卓絕，但他行事向來低調，每次戰鬥結束或是駐營紮寨時，將軍們總喜歡聚在一起，談論自己在戰場上的威風，吹噓自己的戰功，只有馮異但笑不語，經常一個人坐在旁邊或看書，或傾聽。因為這個時候，馮異最喜歡的就是找棵大樹，坐在下面靜讀，所以大家都稱他為「大樹將軍」。

攻破王郎後，劉秀給將領們重新分配任務，對部隊也重新做了調整，使之各有統屬。劉秀深入到軍營中調查，下級官兵都說願意在「大樹將軍」馮異麾下。劉秀因此對馮異更是讚賞有加。

馮異艱苦奮戰，在關中大獲成功，又連續數年鎮撫西方，他關心民情，平反冤獄，施行仁治，威重化行。因而百姓安樂，紛紛感謝馮異的厚德，稱他為「關中王」。這時，朝中有人對他產生了嫉妒猜忌，誣陷他意圖謀反。

　　馮異聽說後，馬上入朝覲見。面對無中生有的誹謗，馮異並沒有做過多的解釋，只是誠懇地陳請劉秀把自己召回，以解除眾人的猜疑。

　　聞此言，劉秀感慨萬分，對滿朝文武說：「想當年，邯鄲王郎追殺我，我是又冷又餓，極度疲勞，就快死了，是馮異想辦法弄到了糧食，煮成豆粥給我吃，救我於飢寒之中。如果他想稱王，那個時候就是機會，還會等到現在嗎？你們不要再胡說了。」

　　經此事後，劉秀不僅沒有猜疑馮異，反而更加信任他。後來馮異立功越來越多，官也越做越大。但是，每次出行，在路上與其他官員相遇，不管對方官大官小，馮異總是主動讓路，讓他人先行，即使後來爵位至陽夏侯也是如此。

　　西元三十四年春，馮異終因積勞過度，突發重疾，死於軍中。劉秀得知噩耗，哀思不止，特諡馮異為節侯，親自慰撫子女家屬，賞賜豐厚。馮異與東漢其他開國功臣並稱「雲台二十八將」。

　　馮異文武全才，功高蓋世，但他並不以此為傲，反而行事低調，不自誇不居功，不追名逐利，低調是他的性格，更是一種智慧，從而使「大樹將軍」的美名永世長存。

謀之於陰，成之於陽

聖人謀之於陰，故曰神；成之於陽，故曰明[1]。所謂主事日成者，積德[2]也，而民安之不知其所以利；積善[3]也，民道之不知其所以然，而天下比之神明也。主兵日勝者，常戰於不爭不費，[4]而民不知所以服，不知所以畏，而天下比之神明。

【註釋】

①明：事情辦成了，功業彰顯出來。②積德：積累德行，此指對民眾有好處的德政措施一個接著一個。③積善：積累善事。指對民眾的教育引導。④不爭：不用打仗。不費：不耗費資財。

【譯文】

聖人總這樣在隱秘中謀劃決策，所以被稱作「神」；成事在明處，功績人人能看到，所以叫作「明」。所謂主持政治、經濟大事每天都能成功，是因為他在積累德行，民眾享受到的好處一個接一個，但並不知道是誰給予了他們利益；他不斷地對民眾進行教化引導，可是民眾接受的時候卻不知道原因，這樣天下人就把他比作「神明」。所謂指揮軍事每天都能打勝仗，是說他經常不用攻殺的手段進行戰鬥，也沒有耗費人力、物力就結束了戰爭，因而老百姓不知道他是怎樣使敵人順服的，也不知道他是怎樣使敵人害怕的，所以天下人就把他比作「神明」。

【智慧全解】

中國人最擅長韜光養晦，故而鬼谷子說「聖人謀之於陰」，意思是說聖人們大都言行謹慎，做事不張揚。這樣的人，才能「主事日成」「主兵日勝」。事實正是如此，常言道：「木秀於林，風必摧之。」一個人鋒芒太露，很容易招致他人的嫉恨，並最終為自己帶來禍患。

俗話說：「槍打出頭鳥」。一個人過於招搖，並不是什麼好事兒，必定會招來他人的忌恨，給自己帶來麻煩。深藏不露的人，從表面上看，他們好像都是庸才，胸無大志，木訥遲鈍，其實他們只是不肯在言語上鋒芒太露而已，不肯在行動上過於張揚罷了。因為他們知道，言語太露，必會得罪旁人；得罪旁人，旁人便成為阻力，妨礙自己做事。行為過於張揚，必會惹來旁人妒忌，旁人妒忌，也會成為阻力，妨礙自己做事。只要具有遠見卓識，把握機會，就不怕找不到表現才華的機會，為什麼非要招搖過市、惹旁人忌恨呢？

為人處世，總是才華外顯，就會給對手造成壓力和不快，他就會感覺你氣勢太盛，壓得他喘不過氣來，他就會將你視為眼中釘肉中刺，進而不擇手段地對你施以明槍暗箭。所以要想成就大事，就要學會自斂鋒芒、韜光養晦。這樣才能有效地保護自己，才能使自己一身本領盡情施展。

當然，聰明之人做事，不僅追求「謀之於陰」，還要追求「成之於陽」，深藏不露的「藏」也是為了「露」，一旦時機成熟，就要毫不含糊地表現自己。就像當年毛遂向平原君自薦時說的：「吾乃囊中之錐，未曾露鋒芒，今日得出囊中，方能脫穎而出。」之後，毛遂在

秦王面前，盡顯自己的膽識、才華，從而成就了一個有膽有謀的英雄。

是金子總會發光，但一塊永遠埋於地下的金子是永遠發不了光的，所以把握機遇的能力也很重要，一旦機會來臨，千萬不要錯過。真人不露相，這是千真萬確的。但永遠都不露相的，肯定就不是真人了。「謀之於陰，成之於陽」，才是真正的大謀略、大智慧。

【閱讀延伸】

唐懿宗咸通年間，楚州（今江蘇淮安一帶）淮陰縣出了一起誣財案，搞得淮陰上下官員焦頭爛額，頭痛至極。後來還是江陰縣令趙和智破了此案，還涉案人一個清白。

事情是這樣的：楚州淮陰縣有兩戶鄰居世代通好，關係密切。有一天，東鄰想外出做生意，可是本錢不太夠，於是拿自己的田契作抵押，向西鄰借了一千緡（每緡一千個銅錢），雙方約定，此錢借期為一年，一年後，東鄰會連本帶利歸還後贖回田契。

很快到了第二年還錢的日子，東鄰很守約，先取八百緡交與西鄰，說好第二天送餘下的兩百緡及利錢，再取回田契。由於兩家關係很好，東鄰沒有索要收錢的單據，放下錢就走了。沒想到到了第二天，去還錢取田契的時候，西鄰卻不承認已經收過八百緡錢。

東鄰爭辯無效，氣憤至極，便到縣衙告狀。這下縣令作了難，因為斷案講究證據，看不到收錢的單據，他也無從判案。上告到州衙，同樣沒有結果。西鄰白得八百緡，得意得不行。八百緡，可不是小數

字，東鄰哪肯就這樣失去？於是苦思良策，突然想到相隔數縣的江陰縣令趙和是一個明斷如神的青天大老爺，於是就把狀紙遞到了江陰縣衙。趙和接到狀紙後，非常為難，因為淮陰與江陰是平級縣，他若接下此案，必定會惹淮陰縣官員不快，說不定會給自己惹來麻煩。想了好久，終於想到一個好辦法。第二天，趙和往淮陰發了一張公文，說本縣抓獲一夥江洋大盜，供出一個同夥是你縣的某某人。當時唐朝明文規定，凡是大盜案件，所牽涉之縣必須儘力協助。所以淮陰縣令接到公文就派捕快將西鄰捉來，送與江陰公差帶走。西鄰自認與江洋大盜案沒有關係，所以一點也不擔心。到了江陰縣，趙和威脅一番，讓西鄰將自己所有家產浮財一一寫明，並標上錢物來源，以備查驗。西鄰一心想著擺脫江洋大盜案之嫌，想也不想就把自己的家產寫了個一清二楚，其中有「八百緡，東鄰所還」一款。趙和見後，拍案而起，喚出東鄰與其對質。西鄰這才知道事情的原委，又羞又悔，只得退款服罪。

鬼谷子說：「聖人謀之於陰，故曰神；成之於陽，故曰明。」意思是說智者善於在暗中運用「摩意」之術，成事在明處，使人人都能看到功績。趙和對此誣財案的審理可謂是「事在此，而意在彼」，是鬼谷子「謀陰成陽術」的典型做法。

聖人獨用，眾人皆有

其摩者，有以平，有以正，有以喜，有以怒，有以名，有以
行，有以廉，有以信，有以利，有以卑。①平者，靜也；正者，
宜②也；喜者，悅也；怒者，動③也；名者，發④也；行者，成⑤
也；廉者，潔也；信者，期也；利者，求也；卑者，諂（tāo）⑥
也。故聖人所以獨用者，眾人皆有之，然無成功者，其用之非⑦
也。

【註釋】

①平：平和。正：正面，直率。喜：使之歡喜。怒：激怒。卑：
謙卑。此指用平和態度對待摩意者。②宜：適宜，正好。③動：動
怒。④發：發生，散發。⑤成：成全，使之成功。⑥諂：通「韜」，
隱藏，隱瞞。⑦用之非：即用非其道，使用沒有按照其規律。

【譯文】

在運用摩術的時候，要根據不同的對象採用不同的方法：有的用
平，有的用正，有的用喜，有的用怒，有的用名，有的用行，有的用
廉，有的用信，有的用利，有的用卑。平的方法可以讓對方平靜地處
理事務；正的方法可以讓對方覺得剛好合適；喜的方法可以使對方高
興；怒的方法可以讓對方激動；名的方法可以讓對方名利得到遠颺；
行的方法可以讓對方成就事業；廉的方法可以讓對方覺得這樣是廉潔
自律；信的方法可以讓對方因為講誠信而被人期待；利的方法可以讓

對方得到自己所求的東西；卑的方法可以讓對方隱藏起來，以韜光養晦的方式自保。因此，這些方法不僅聖人可以使用，普通人也可以使用，不過很少有人能夠成功，這是因為他們沒有掌握好規律。

【智慧全解】

在激烈的競爭中要想立於不敗之地，一定要訴諸一定的手段。根據目標的不同，採取的手段也不相同，關鍵在於你的手段是否有效，是否能打動你想打動的人。正如鬼谷子所說：「有以平，有以正，有以喜，有以怒，有以名，有以行，有以廉，有以信，有以利，有以卑。」無論採用什麼手段，目的只有一個，那就是勸服對方，達成我們的意圖。鬼谷子在這裡的主張其實就是利用情感攻勢，達到說服的目的。

具體該怎麼做呢？你可以用平，讓自己表現出心平氣和、胸有成竹的樣子，讓對方覺得一切都理所當然，不存在一點不可告人的目的。你可以用正，讓自己表現得大義凜然，一身正氣，不夾雜一點私心雜念，這樣對方就會覺得你大公無私，從而發自內心地欽佩你，順從你。你可以用和，讓自己成為一個和事佬，投其所好，討其歡心，讓雙方的矛盾小化、軟化，給自己積累一份人情。你也可以用怒，怒髮衝冠，對方震驚，必然會做出一些反應，你再從旁觀察他的變化，全面探知對方的底線。當然，這個怒是裝出來的。

你還可以對對方動之以情、曉之以理，苦苦相勸，向對方言明功過是非、利害關係，以此讓對方接受你。你或者選擇孤注一擲、放手一搏。這當然得基於你仔細觀察，等到時機成熟之時，這時勇敢而不

失時機地進行一次嘗試，你或許就能破繭成蝶，達成夙願。

你還可以選擇在實施謀略時，不等結果出來就處處為對方著想，給他人一個真心待人的好印象，以贏得他人的好感。或者你選擇做一個誠實守信之人，說到做到，從而贏得他人無條件的信任。又或者你時不時地給對方施以小恩小惠，他得到好處，必然會緊緊跟隨你，順從你。

總之，鬼谷子的摩術有很多手段，你可以根據具體的情況，對不同的對象，靈活多變地選擇策略。只要把握好摩之規律，普通之人也能運用自如。

【閱讀延伸】

三國時期，魏、蜀、吳三國鼎立，吳國孫權霸居江東，有著不可小覷的實力，不過，孫權一直表現出一副謙卑的樣子。

當曹操自封為魏王時，孫權給他寫信說：「你氣宇軒昂，英武不凡，只要你登上大位，我會率先向你臣服，只要你剿滅了劉備，蕩平西川，到時我會獻出土地，俯首稱臣。」孫權的用意曹操一眼就看穿了，笑著說：「孫權表面愚鈍，其實深不可測。他想讓我激怒天下人，使我陷入孤立之中。他是想把我放在爐火上燒啊。」

曹丕稱帝后，孫權絲毫沒有表現出不滿，反而派去使者，送上禮物和書信，並向曹丕討封賞。曹丕封孫權為吳王，加九錫。孫權的部下都覺得這是羞辱，紛紛進諫：「曹丕篡漢，這是大逆不道，主公理應順天而伐之，現在卻主動歸附，難道不怕天下之人恥笑嗎？東吳

占據江南，地廣兵足，早就可以自立為帝，怎麼能接受曹魏的封號呢？」

孫權則不以為然，淡定地說：「現在大勢已定，該順應四時天命。當年劉邦也曾接受項羽的封號，這並不妨礙他日後建功立業。他人恥笑有什麼了不起的，只要沒有實質性的傷害就行了。」於是孫權高高興興地接受了曹丕的封號。

後來，曹丕派來使臣，向孫權索要象牙、犀角、大貝、明珠、孔雀等特產，孫權毫不猶豫就答應了。曹丕使臣高興萬分，東吳的臣子們不樂意了，他們私下裡埋怨孫權過於愚鈍，還集體上奏：「曹丕索取無度，真把自己當天子、把主公當臣子了，這怎麼能接受呢？可是主公竟然一口答應，真是一點不顧及主公的威名，讓天下百姓失望啊。」

孫權看群臣真的惱了，就召來眾臣解釋，他說：「現在魏國時刻想打我們的主意，東吳的百姓還要依賴於我，我答應曹丕的索取，只是想換取百姓的平安，這有什麼可惜的呢？」於是他備足物產，獻給魏國，曹丕對此得意至極。

後來，孫權的臣屬們屢屢勸他自立為帝，都被孫權以各種理由推辭了，孫權說：「漢室既然已經沒落，我挽救不了，心中萬分自責，如今又怎麼忍心與之爭奪天下呢？」眾臣聽了，失望萬分。見大臣們不了解自己的本意，孫權終於找了個機會吐露了自己的心聲：「東吳兩面受敵，故而不能爭強鬥勇，那樣會促使敵人儘早對我們下手。我之所以接受曹魏的冊封，給魏國進獻物產，只是為了矇蔽魏國，讓其

對我們放鬆警惕。我不稱帝，是為了不讓人拿到攻擊我的話柄，我這樣做只是在等待時機成熟。」

後來，劉備和曹丕相繼去世，孫權見對手日漸衰落，便撕掉了偽裝，於西元二二九年登上了皇帝之位。

孫權高明地採用了鬼谷子摩術之中的「卑」，深藏起自己的智謀，以韜光養晦的方式保存了東吳，不僅使東吳百姓免遭於難，還使魏國及蜀國對自己放鬆警惕。等到時機成熟，他才一舉登上皇帝之位。孫權的做法可謂是審時度勢，順應民眾，因而獲得了成功。

謀難周密，說難悉聽

故謀莫難於周密，說莫難於悉聽①，事莫難於必成。此三者，唯聖人然後能任之。②故謀必欲周密，必擇其所與通者說③也，故曰或結而無隙④也。夫事成必合於數，故曰道數與時相偶者也。

【註釋】

①悉聽：使對方全部聽從。②三者：指謀周密、說悉聽、事必成。任：抱，負擔。③通者：此指感情可以溝通、智謀層次相近的人。說：商量，謀劃。④結而無隙：像打結一樣緊密而沒有裂隙。

【譯文】

所以說，謀劃決策最難的是做到周密無隙，遊說別人最難的是做到讓別人完全聽從己方的意見，辦事最難的是讓所做的事情一定取得成功。這三者，只有那些掌握了摩意等權術的聖人們才能夠做得到。所以說，謀劃計策一定要做到周密，必定選擇能夠與自己心意相通的人一起商量謀劃，這就好像給繩子打結一樣緊密而沒有裂隙。要想做事成功，一定要運用權術，使之符合遊說所要求的技術，這就叫作基本原理、權術與時機三者相合而成事。

【智慧全解】

鬼谷子說：「故謀莫難於周密，說莫難於悉聽，事莫難於必成。」世上唯有聖人才能做到這三點。聽此話的意思，似乎在說我們普通人要謀劃計策、遊說他人、成就大事是相當困難，甚至是無法做到的，其實，鬼谷子並不是這個意思，在此他所要強調的是「故謀必欲周密，必擇其所與通者說也」「夫事成必合於數，故曰道數與時相偶者也」。在此，鬼谷子再次強調了謀之貴密的觀點，並說，只要做到基本原理、權術與時機三者相結合，即使不是聖人，也能成就大事。

世上的萬事萬物都有各自的規律，要想所主持的事情順利成功，就要使自己的謀略符合事物的規律，然後再輔之以恰當的方法；要想使自己的遊說有人聽從，就必須使自己的說辭合情合理。

古人云：「智者千慮，必有一失。」不管是多聰明的人，在多次謀慮的時候，也會出現一些失誤。即使是鬼谷子所說的聖人，也可能會有錯誤。所以無論是遊說還是做事，都要三思而後行，做到周密、周全。

王蒙曾說：「在任何處境下保持從容理性的風度，心存制約，遇事三思，留有餘地。」王蒙的意思也是在強調做事切勿衝動莽撞，否則只會使自己陷入麻煩之中。無論做什麼事情，我們最好先將自己的意圖隱藏起來，學會全盤運籌，哪一步怎麼走，哪一種事怎麼做，要達到什麼目的，採取什麼方法，都要一一謀劃好，這樣才能讓事情順利而有條理地運轉下去，最終達到辦事成功的目的。

無論對組織還是個人，失敗雖然在所難免，但是有些失敗卻是致命的，摔倒一次，很可能很多年也爬不起來。所以，做事一定要深謀

遠慮，謀劃周全；說話要謹慎小心，既要符合時間與場合，又要符合對方的心意，這樣才能把話說到對方的心裡去，對方才能聽從。

總之，只要我們把握好時機，掌握好權術，運用好機理，不管是謀劃還是遊說，都能取得良好的效果，就能成為鬼谷子嘴中的「聖人」。

【閱讀延伸】

清朝末年，有一名知縣叫陳樹屏。此人非常聰明，而且善於變通，最擅長的是為別人調解糾紛。不過，陳樹屏並不是一個多話的人，但他所說的每一句，甚至每一個字都能切中要害。只要他出現，就沒有調解不了的糾紛，沒有化解不了的矛盾。當地人都誇讚他口才好，有智慧。

有一年春天的一天，天氣特別好，陽光明媚，風和日麗，陳樹屏突然詩興大發，便邀請了一群文人朋友去遊覽黃鶴樓。沒想到在黃鶴樓卻碰到了他的上司湖北督撫張之洞和撫軍大人譚繼洵。於是兩撥人便聚在了一起，相互問好後，就一邊欣賞著黃鶴樓下的美妙春光，一邊把酒談笑。清風拂面而來，裹挾著花的芬芳；遠處的長江風景秀麗，在陽光的照射下，閃爍著粼粼的波光，江面上也千帆競渡。大家興致高漲，宴席氣氛非常融洽。

忽然，有個客人問：「你們看，這長江之水浩浩蕩蕩，氣勢如此宏大，可是有誰知道它有多寬嗎？」

問題一出，大家就七嘴八舌地討論起來，有的引經據典，有的猜

測估計，還有的等著傾聽別人的回答。張之洞和譚繼洵兩個人是死對頭，表面上一團和氣，心裡卻誰也不服誰。兩個人很快就因為這件事情磕了起來。

譚繼洵清清嗓子，說：「我曾讀過一本關於長江的書籍，裡面有相關的記載，我記得是五里三分。」

張之洞聽後哪裡服氣，故意說：「不對，我記得很清楚，怎麼會是五里三分呢？書上明明寫的是七里三分，你說的那麼窄，江水怎麼會有這樣大的氣勢呢！」

譚繼洵見對方和自己又是意見相左，而且明擺著說自己引用有誤，一時覺得面子下不來，就梗著脖子和對方爭執起來，兩個人鬧得臉紅脖子粗。

兩個上司發生爭執，不但破壞了聚會的好氣氛，而且還有失顏面，陳樹屏心想：這不好吧，得趕緊阻止才行。他非常清楚二人平時就經常相互拆台，此時只不過是借題發揮，互相貶低而已。因為這個問題本來就說不清楚，就是說清楚了又有什麼意義呢？為了不讓大家掃興，陳樹屏眼珠一轉，計上心來。他不緊不慢地拱拱手，謙遜地說：「這江面啊，我記得有部書上記載得很清楚，水漲時，江面就寬到七里三分，落潮時就降到五里三分。二位大人一個說的是漲潮時分，一個是指落潮而言，你們說的都對，可見你們都是很有見識的人啊！」

說罷，陳樹屏伸手端起自己的酒杯，高舉著說：「這個問題暫時不用再說了。今日難得大家賞臉，也難得這麼好的天氣，來來來，為

了今天的好景，我們大家共同舉杯喝一杯！」

眾人聽完這不偏不倚的圓場話，都會心地笑了。張之洞和譚繼洵都知自己是一派胡言，只是和對方較勁。兩個人一看東道主給自己台階，趕緊順勢而下，舉起酒杯。一場爭辯就這樣不了了之。

鬼谷子說：「故謀莫難於周密，說莫難於悉聽，事莫難於必成。」意思是謀劃策略最困難的就是周到縝密，遊說最難的是讓別人完全聽從，辦事最難的是讓所有的事情都辦成功。陳樹屏只說了那麼短短的兩句話就化解了兩位上司的紛爭，正是因為他的話說得周密而沒有裂隙，不偏不倚，兩位上司的面子都照顧了。如果他只顧及一方，就會傷害另一方，那爭執就會發展成爭吵、衝突了。可見，只有兩全其美的言辭才可以讓爭執的雙方接受。

摩之所欲，焉有不聽

　　說者聽必合於情，故曰情合者聽。故物歸類，抱薪趨火，燥者先燃；①平地注水，濕者先濡②。此物類相應，於勢譬猶是也。③此言內符之應外摩④也如是。故曰摩之以其類⑤焉，有不相應者，乃摩之以其欲，焉有不聽者？故曰獨行之道⑥。夫幾者不晚，成而不拘（gōu），久而化成。⑦

【註釋】

　　①歸類：歸向自己的同類。趨火：此指扔向火中。②濕者：指濕潤的地方。濡：浸潤，沾濕。③物類相應：同類事、物互相應和、感應。勢：勢態，此指在情勢上必然產生的趨向。④內符之應外摩：從外部出發去摩對方，對方的內心反應一定會表現出來。⑤摩之以其類：指用相同的感情，設身處地地去琢磨別人。⑥獨行之道：聖人使用的方法。⑦幾：事物的微小徵兆。拘：取。化：生成。

【譯文】

　　要想遊說時讓別人完全聽從你的意見，就一定要合於對方內心的真情，對方往往容易聽取與自己內心情感契合的言辭。所以物都是以類而聚，抱起柴草扔進火中，乾燥的先被點燃；在平坦的地面倒水，濕潤的地方先積水。這就是物類相應的道理，而在情勢上必然產生的趨向也是這樣。這裡說的內符回應外摩也是這個道理。所以說，使用摩術，就是要用同類去感應，如有不感應，就改用滿足對方慾望的辦

法去引誘，這樣對方哪裡還有不聽從的呢？所以說這種技巧，只有聖人能夠運用。能夠看到事物的微小徵兆就採取行動，這樣才不會錯失良機，事情成功了，便悄悄退出，不將功勞據為己有，做到這樣，久而久之，我們定能實現自己的政治追求，能夠獲得最後的成功。

【智慧全解】

要成就一番事業，需要做多方面的準備，但其中最關鍵的因素還是人的因素。都說人最難懂，人心最難測，其實未必，要想讓他人為你服務，投其所好就可以了。不過，投其所好是有前提的，那就是投得必須正確，要準確地看清這個人的愛好，成功地做到「分類，分群」。

俗話說：「物以類聚，人以群分。」世間萬物紛繁複雜，但都是有類別之分的。這也就是鬼谷子所說的：「抱薪趨火，燥者先燃；平地注水，濕者先濡。」不過，世上的萬事萬物還有一個特點，那就是一直處於變化之中，類別雖然分了，但並不是一成不變的，今天你是打工仔，明天或許就會成為老闆。隨著外界環境的變化，對方的需要也會隨時發生變化，那麼，你的應對策略也應隨其改變。

投其所好，順著對方的心意去說服，我們的說服就能順利通暢。

除了物質上要投其所好，在精神上投其所好同樣能起到意想不到的良好效果。這就是我們通常所說的情感投資。情感投資，從精神上投其所好，首先要盡量讓對方喜歡你。人際交往中有個首因效應說的就是這個意思。與人交往第一印象是非常重要的，所以我們務必處理

好跟人相處的前幾分鐘。在有好感的前提下，許多或許成功或許不成功的事情往往可能辦成。

其次，要善於發現對方的優點，並真誠地進行讚美，人都是渴望肯定與讚美的，讚美是你打開對方心扉的鑰匙。不過，讚美一定要有度，不能太誇張，太露骨，要不然就太假、太做作了。從對方的優點入手，能為你打開一條說服的通道。

再次，要善於發現對方的愛好與興趣所在。良好的第一印象只能保證對方不討厭你，尋找到對方的優點並讚美，只能增加對方對你的好感，而尋找到對方的興趣點，就能很好地避開雙方交談的尷尬局面，保證交談的順暢進行，而且還能加深和維護你在對方心目中的好形象。時間長了，時機成熟了，你便能在此人心中種下一顆人脈的大樹。

汽車大王福特先生曾說過：「假如真的有什麼成功之秘訣，那就是設身處地地替他人著想，了解他人的態度和觀點。」因為這樣，既能讓你與對方溝通順暢，彼此理解，又能更清楚地了解對方的思想，從而找到談話的切入點，有的放矢，擊中要害。

其實，說服他人，與人交往並沒有想像中那樣難，只要我們迎合對方的興趣，投其所好，就能拉近彼此的距離，贏得對方的信任，為自己的事業增加一份成功的砝碼。正如鬼谷子所說：「摩之以其欲，焉有不聽者？」

【閱讀延伸】

清朝康熙年間，康熙皇帝曾下令全國上下禁止吸菸。康熙所禁之菸是菸草之菸，並非鴉片之煙。

十七世紀中葉，菸草從呂宋（現在的菲律賓）傳入中國，當時就有眾多有識之士憂慮不已。有一位叫張介賓的名醫曾在《景岳全書》中慨嘆：「菸草自古未聞也，自我萬曆時始出閩廣之間，自後吳楚間皆有種植菸草矣！」從此，菸草便像惡霧毒瘴，蔓延四方，危害著千百萬中國人的身心健康。到崇禎末年，竟然到了「所有男子，無論大小沒有不吸菸的」地步，更嚴重的，就連香閨閣樓裡的女子們也把菸管菸袋看得與胭脂香粉一樣重要。一時間，無論男女無論老幼，都成了癮君子，情況堪憂。

到了康熙年間，吸菸更是成了一種風尚，全國上下不論是官是民，不論是老是幼，很多人都是菸不離身，走到哪裡都能吞雲吐霧，很多人還以擁有一個稱心如意的菸筒為雅。所以當時社會上流傳著這樣一句話：「菸筒桿，木不如竹，玉象嘴，金不如銅。」對這種現象，康熙皇帝甚為憂慮，他說：「世上最讓人憎惡的就是吃菸，菸這種東西最能消耗人的精氣，不光我不吃，就是前朝的老皇帝也是不吃的。」於是，康熙皇帝決定採取果斷措施，在全國範圍內開始戒菸、禁菸運動，這個運動首先從朝中的大臣們開始。

當時朝中有兩位被人稱為「菸袋大臣」的大臣，一個名叫史貽直，一個名叫陳元海，康熙皇帝決定首先拿這兩個人作戒菸試驗。康熙當著眾人的面賞賜給這兩個人一人一支水晶菸管，讓他們當眾表演

抽菸。這兩個人受寵若驚，馬上興奮地裝菸點火，樂呵呵地表演起來。讓他們沒想到的是，他們剛吸了一口，便見菸火沿著透明的水晶菸管直往上冒，還發著劈劈啪啪的響聲，直到唇邊，響聲還不斷。現場眾大臣全都目瞪口呆，呆愣半晌，才猛然明白了康熙皇帝的意思。史貽直、陳元海兩個人更是明白了皇上的良苦用心，從那以後，再也不吸菸了。大臣戒菸的成功，給了康熙皇帝信心，他馬上下達聖旨，傳諭全國，禁止種菸吸菸，結果吸菸之風得到了很大的收斂。

康熙皇帝的禁菸運動算是取得了一定程度的成功，之所以有這樣的結果，是因為此舉順應民意，合乎民心，正如鬼谷子所說：「摩之以其欲，焉有不聽者？」審時度勢、揣摩民情而制訂出來的妙法，哪能不出奇制勝、獲得成功呢？

權篇第九：
巧言善辯，量身而說

　　「權」，秤錘，在此意為權衡。本篇主要論述遊說者應如何審時度勢，進行遊說，闡述了遊說的原則和方法。鬼谷子在此強調遊說要依據不同的對象，針對不同的環境、形勢靈活地選擇遊說手法，選擇不同的遊說方式和言辭。

飾言利辭，假之益損

說者，說之也；①說之者，資②之也。飾言者，假之也，假之者，益損③也；應對者，利辭也，利辭者，輕論也；④成義⑤者，明之也，明之者，符驗⑥也。

【註釋】

①說者：遊說之人。說之：說服對方。②資：幫助，藉助。③益損：增加或減少。④應對：指回答、回應別人的提問與詰難。利辭：便利、巧辯的言辭。輕論：簡潔明快的論說。⑤成義：申述某種主張使之合於義理。⑥符驗：用事例來加以驗證說明。

【譯文】

遊說就是為了說服別人，要說服別人就必須對他有所幫助。修飾言辭需要藉助動人的言辭，要藉助動人的言辭，就必須對言辭進行增減。回答對方突然的發問，必須用機巧的言辭浮泛作答。申說義理的言辭必須使對方明白某個道理，要讓對方明白某個道理，就必須舉事例來加以驗證說明。

【智慧全解】

鬼谷子在此所講的「飾言、利辭」，其意思就是要包裝我們的言辭，使我們說出的話更動聽，更華麗，更讓人信服，你可以用美麗的

辭藻去包裝，也可以舉一些事例進行包裝，從而增加話語的分量。

其實，要讓對方信服，你的包裝要儘可能全面，不僅要包裝言辭，還要包裝外在形象和內在素質。具體從以下幾個方面入手：首先衣著要得體，這個得體，就是不能讓對方看上去高他一等，又不能讓他看著不入流，你的衣著既不要優於別人，又不能相差太遠，避免別人起排斥心理。其次，表達要恰當。不論你是講道理，還是進行詭辯，表達一定要流暢、清楚，要運用不同的語氣來強化說話的要點，讓你的說服更有分量。另外你的姿態也要得體，與人交往，你的面部表情、身體姿勢、一顰一笑，無不在向對方透露著信息，如果你一邊誇誇其談，一邊瑟瑟發抖，那你的任何言辭都沒有了說服力。

除了外在包裝，還要具備過硬的心理素質。首先你既要講規範，懂文明，又要心腸硬，不能被對方忽悠上兩句就心軟成了一攤泥，乖乖順著對方的話題跑。其次你要站穩立場、堅定信念，不達目的不罷休。

良藥現在都包上了糖外衣，我們也要善於包裝我們的言辭，使忠言不再逆耳，使批評不再刺耳，讓辯論鏗鏘有力，讓溝通順利流暢，這樣我們所說的話才能讓對方聽得入耳，讓對方心悅誠服。

【閱讀延伸】

戰國時期，東周王室逐漸衰微，秦國國力漸盛，於是便舉兵進攻東周，強行索要東周鎮國之寶——傳國九鼎。

形勢非常危急，東周國君趕緊叫來顏率，想讓他出出主意。顏率

一聽事情原委，便對東周國君說：「大王無須擔憂，我們可以藉助齊國的勢力來解除眼前的危機，我可以去齊國請求齊王出兵。」東周國君應允。

顏率來到齊國，見到齊宣王說：「秦國想要出兵奪取我們的九鼎。秦國不講道義，我國國君經過考慮，認為齊國是禮儀之邦，才配擁有九鼎，所以我們國君想把九鼎送與齊國。這樣，齊國不僅可以獲得保護周天子的美名，而且可以獲得九鼎，這是一件兩全其美的大好事，不知大王意下如何？」

齊宣王聽了，頓時心花怒放，馬上命令大將田忌率領五萬大兵抗擊秦兵。秦國見齊國出兵，只好鳴金收兵，倉皇回國。

秦軍撤退後，齊宣王便向東周索要九鼎。這時東周國君又憂慮起來。顏率站出來說：「大王不用擔心，我請求再次出使齊國，一定讓齊國國君打消索要九鼎的念頭。」

顏率又來到齊國面見齊宣王，說：「我東周仰仗齊國的仁義之師，保全了九鼎，周天子願意兌現當初的諾言，把九鼎送與齊國。不過，我國國君想知道，大王將怎樣把九鼎運回齊國呢？」齊宣王聽了這話，才又高興起來，說：「我打算經過魏國，將九鼎運回。」顏率一聽，連忙對齊宣王說：「大王，不可。魏國國君早就垂涎九鼎，九鼎一旦到了魏國，他一定會生出占有之心，到那時，寶鼎就到不了齊國了。」

齊宣王說：「那就從楚國運回吧。」顏率又阻止道：「也不可！楚國也對九鼎早有占有之意，九鼎入楚，哪還有運走的道理？」齊宣

王聽到這裡，也沒了主意，向顏率問道：「先生，你說寡人應該怎樣把寶鼎運回呢？」

顏率說：「大王，我們也實在為您擔憂啊，這事還真的不好辦！九鼎可不是什麼罈子罐子之類，揣在懷裡就拿走了，也不像鳥兒馬兒那樣，飛著跑著就到了齊國。當年，我們周朝先君討伐無道的商朝，得到了九鼎，一鼎九萬人挽之，九鼎需要九九八十一萬人啊。可目前，雖說大王擁有這樣的實力，可是運鼎的隊伍從哪裡走呢？臣實在替大王憂心啊！」顏率說完，長長地嘆了一口氣，一臉的無奈。

齊宣王聞聽此言，臉色大變，怒斥道：「你一連來我們齊國好幾次，可還是沒有把九鼎送給我們呀！」顏率鎮定地說：「臣下不敢欺騙大王，只是請您趕快確定搬運九鼎的安全路線，我們國君也在等待您遷移寶鼎的命令呢！」說完，就回東周了。齊宣王越想越氣，但也無計可施，最後只好不了了之，不再提運送九鼎的事情了。

鬼谷子說：「說之者，資之也。」遊說他人，就要對他人有所幫助，這樣你的遊說才能一舉成功。顏率深諳此道，專挑對齊國有利的話去說，從而成功說服齊宣王出兵解除了秦國對東周的威脅，保住了九鼎，之後，又提出九鼎運送之困難，使齊王也束手無策，使問題不了了之，再次保住了九鼎。

言或反覆，欲相卻也

言或反覆，欲相卻①也。難言者，卻論也，卻論者，釣幾也。②佞言者，諂而干③忠；諛言者，博而干智；平言④者，決而干勇；戚言⑤者，權而干信；靜言⑥者，反而干勝。

先意承欲者，諂也；繁稱文辭者，博也；縱舍不疑⑦者，決也；策選進謀者，權也；先分不足以窒非者，⑧反也。

【註釋】

①欲相卻：意欲打消對方的顧慮。②難言：詰難的話語。卻論：反駁、逼退對方的言論。卻，推辭不受。釣幾：善於把握時機引誘出對方說出隱秘之事。幾，同「機」。③干：求取，博取。④平言：直截了當的言辭。⑤戚言：憂戚悲傷的話。⑥靜言：有謀略的言辭。靜，同「靖」，謀議。⑦縱舍不疑：拋卻疑慮，放開去說。⑧先分不足：自己的理由不充分。窒非：責備他人的過錯。

【譯文】

言談時雙方可能會意見不合，這時就需要反覆辯難，意欲使對方讓步。雙方相互論難的時候，己方一定不接受對方的言論，其目的是為了把對方隱蔽的事勾引出來。佞言，不是發自內心，而是為了取媚故意說出的言辭，隱藏自己的真實意圖，從而博取忠心耿耿的名聲；諛言，用繁複的華麗言辭奉承，從而博取智慧的美名；平言，用直截

了當的言辭去說，以敢於直言而讓對方覺得我們大勇善斷而信服；戚言，根據形勢暫時裝出悲戚的樣子，說出來的言辭，能贏得對方的信任；靜言，有謀略的言辭都是自知自己不足反而責備對方的過錯，以求得辯駁的成功。

先摸準對方的心意，順著對方的慾望去遊說，就是「謅」；廣泛地稱引華麗的文辭，就是「博」；拋卻疑慮，直截了當地去說，就是「決」；根據形勢變化選擇策略去說，就是「權」；自己的理由不充分卻去反攻對方的過錯，致使對方成為過錯的一方，就是「反」。

【智慧全解】

鬼谷子說：「言或反覆，欲相卻也。難言者，卻論也，卻論者，釣幾也。」論難，讓對方讓步，釣出對方的隱情，有多種方法，你可以用佞言、諛言，也可以用平言、戚言、靜言。在這裡我們主要說一下佞言、諛言。佞言、諛言其實就是奉承話。從古至今，似乎人們都很討厭喜歡說奉承話的諂媚之徒，可是，生活中有一種人人都喜歡的、與佞言諛言極為相似的語言，那就是讚美話。讚美之辭也是誇獎對方，但與奉承有著本質的區別，奉承話總是信口雌黃、無憑無據，讓人一聽就大倒胃口；讚美話則不然，讚美往往立足於對方真有其事，而且是出於善意。

有人把讚美話稱為人際關係的潤滑劑，一點也不為過。生活中，每個人都愛聽順耳之辭，希望自己的價值得到認可，尤其是親戚朋友的認可。即使生活圈子再小，人們也仍然希望自己是小天地裡的重要人物。對於肉麻的奉承、諂媚之辭，人人感到噁心、憎惡，卻渴望他

人發自內心的讚揚。

馬斯洛的需求層次理論指出，人在溫飽之後，最希望得到的就是「自我實現」。被讚美、被肯定是「自我實現」需求的表現形式，人們希望得到尊重和讚美，就好像需要食物和空氣一樣，必不可少。可見，喜歡被讚美是人的天性。在聽到別人讚揚自己的優點時，就會覺得自己的身價得到了肯定。

適時地讚美他人能夠加強自己與他人的感悟溝通，尤其是在與他人產生隔閡時，主動關心對方，注意和肯定他的長處，是消除隔閡最有效的方式。另外，對於自己不親近的人，恰當地給予讚美，可使雙方增加親近感，建立更進一步的人際關係。讚美不僅可以增加彼此的親近感，還能反過來激勵自己。被人讚美的，肯定是一個人的長處，在發現他人優點和長處的同時，我們也會發現自己的差距，從而促使我們自己努力趕上去。要建立良好的人際關係，要成功地說服他人，恰當地讚美別人是必不可少的。

無論在生活還是工作中，讚美話有著說不盡的好處，在推銷過程中，適當地讚美別人，讓別人覺得他自己很聰明，就可能做成生意。在公司，恰如其分地讚美上司，讓上司感覺自己博聞強識，就可能讓他對你刮目相看、格外照顧。總而言之，奉承話讓人生厭，讚美話讓人自信、獲益多多。

總之，在日常生活中，不論採用什麼樣的言辭與人溝通、相交，都是為了爭取更大的利益或避免不必要的損失，所以，我們要根據不同的場合、不同的交流對象，有針對性地採用溝通方式，或讚美，或

奉承，只有善於言談，隨機應變，靈活應對，才能在處世中搶占先機。

【閱讀延伸】

西漢初期有一位很有謀略和論辯才能的政客，名叫蒯通，他曾是韓信的謀士。

韓信在投奔劉邦後，受劉邦重用，被拜為大將，率兵東進，攻打項羽。韓信一路破三秦，滅魏、趙，然後又打敗齊軍，可謂是節節勝利，勢如破竹。蒯通見韓信軍威大振，便勸他不可太相信劉邦了，可以先與他們三分天下，以後看清時局，瞅準機會，再圖大計。韓信對劉邦極為忠誠，就沒有採納蒯通的建議。

後來，劉邦統一了天下，建立了西漢。稱帝后的劉邦擔心手握兵權、功高蓋世的韓信謀反，就奪取了他的兵權，將其軟禁在長安。後來，陳豨謀反，韓信也受到了牽連，呂后和蕭何就設計誘捕了韓信，將韓信殺掉了。至此，韓信才真正後悔當初沒有聽取蒯通的計策。

後來，劉邦派人抓住了蒯通，並親自審問他。

蒯通是一個有名的辯士，學識淵博，聰慧機智。劉邦問他是不是鼓動過韓信背叛大漢自立。蒯通乾脆地說：「對，當初我的確這樣勸說過韓將軍，只可惜他一心向著皇上，沒有聽從我的建議，最後才落得如此悲慘的下場。如果他當初按我說的做，皇上哪能殺得了他呢？」劉邦聞言，更是冒火，直氣得渾身顫抖，馬上下令將蒯通烹了。蒯通直呼「冤枉」。劉邦說：「你慫恿韓信造反，有什麼可冤枉

的？」蒯通說：「當初我效命於韓信，當然會一心為他謀劃。這哪能怪我呢？秦朝暴虐，天下英雄都起來反對，這就好比是一隻鹿，天下英雄都搶著捕捉，誰本事大，誰就能逮住它。當然我覺得韓信能逮到，所以才會給他出此計策，誰能料想到皇上最終逮到了它呢？再說了，天下想當皇帝的人多了去了，只是實力不夠而已，難道皇上要把這些人都烹掉嗎？如果因為我一心忠於自己的主人，就被烹死，天下人會對皇上失望的。」劉邦聽了蒯通的辯駁，沉思良久，覺得似乎是這個道理，於是就赦免了蒯通的死罪。

在一些危險關頭，靈活地運用言辭，可以讓人化險為夷。蒯通的那番辯詞，既是對自己的辯白，又隱含著對劉邦的讚美，言外之意劉邦取得天下足以證明劉邦是天下英雄中最有實力的一個；而且蒯通還巧妙地利用君王都喜歡忠心的大臣這一心理，以自己只是出於忠心來解釋自己當初慫恿韓信謀反的事情，為自己做出了巧妙的辯解，「言或反覆，欲相卻也」，蒯通靈活機變地運用措辭，終於保住了自己的性命。

參調而應，利道而動

故口者，機關也，所以關閉情意也；^①耳目者，心之佐助也，所以窺瞷（jiàn）奸邪。^②故曰：參（sān）調而應，利道而動。^③故繁言而不亂，翱翔而不迷，變易而不危者，睹要得理。^④

【註釋】

①機關：事物的樞要，關鍵。關閉情意：控制真情實意。②心：古人以心代指大腦。佐助：輔助。瞷：窺探。③參調而應：此指心、耳、目三種器官互相配合，協同工作。參，同「叄」，指心、眼、耳三器官。利道：向有利於自己的方面引導。道，同「導」。④繁言：繁雜的言辭。翱翔：自由飛翔，形容到處活動。變易：多次改換說辭。危：詭，欺詐，俞樾曰，「讀為詭。……言變易而不詭譎也。」睹要得理：觀測中抓住了要點，說辯中掌握了法則。

【譯文】

所以說，口是一個機關，是用來控制實情和心意的；耳朵和眼睛，是大腦思維的輔助器官，是用來窺探奸邪的。所以說，應該把這三者調動起來，互相配合，互相呼應，以引導說辯局勢朝著有利於自己的方向發展。如此一來，我們就能做到：言辭繁多但不會混亂，行動自由卻不會迷失方向，情況千變萬化卻不會被欺騙，之所以能做到這樣，是因為我們看準了要點而得到了應對的法則。

【智慧全解】

鬼谷子強調遊說他人要「參調而應，利道而動」，意思是說要心、眼、耳三者相互配合，相互呼應，使言辭朝著有利於自己的方向發展。也就是說，遊說他人，不僅要善聽、善察，還要善思。「聽其言，觀其行」可以度量一個人的真偽，「聞往事，觀成敗」可以衡量一件事的得失。不管是對人，還是對事，權衡利弊時，都要調動心、眼、耳三者，用心去感知，用耳、目去收集信息，三者相互參證，才能得出與事實更加接近的結果。只依賴任何一方，都會使事情有失偏頗。

只依靠心去思去想，只能是閉門造車，脫離事實；只依賴耳朵去聽，就會陷入流言蜚語、偏聽偏信之中，與事實真相也相距甚遠；只憑藉眼睛看到的去判斷，就無異於井底之蛙，見識短淺。只有「心想、耳聞、目見」三者結合得出的結論才更真實。

一個出色的遊說家，不能單憑「口舌之辯」，而要將其與目視、耳聽、心思三者結合起來，力爭做到有理有據，從而在處事和論辯中無往而不勝。

鬼谷子說「耳目者，心之佐助也」，意思是說要注意觀察，積累經驗，在此基礎上進行分析和判斷。百聞不如一見，見而思之，在細心觀察的基礎上進行分析，是澄清事實的必要步驟，才是非常基本的權衡判斷事物的正常邏輯。

「心想、耳聞、目見」三者是一個不可分割的整體，並非獨立存在的個體，它們並沒有固定的順序，只有將三者全都參與到權衡事物

的過程中，才能得出正確的合乎事實的結論。

【閱讀延伸】

西漢時，有一次漢高祖劉邦從趙國經過。趙王張敖身為劉邦的女婿（娶了魯元公主為妻），在招待劉邦時，可謂是小心謹慎，惶恐至極，如同一個僕人，完全超出了子婿之禮。但是劉邦卻極其高傲，而且出口成「髒」。這種情況，趙王沒覺得不對，可趙國國相貫高不舒服了。招待宴結束後，貫高勸張敖殺掉劉邦一雪恥辱，而張敖卻咬破手指發誓，決不謀反。

貫高見此，便對趙國大臣趙午等人說：「大王是個仁慈之人，受到如此羞辱依然不忍心背叛皇上。我們深受先王的恩寵，看到大王受辱，哪裡能無動於衷呢？我們殺掉皇上，事情如果成功，功勞歸於大王，事情如果失敗，我們來受懲罰。」趙午等人全都同意了。

第二年，劉邦再次從趙國路過，貫高打探到劉邦將在柏人縣（今屬河北）住宿，就與趙午等十多人埋伏在柏人縣，伺機刺殺劉邦。劉邦的車駕來到柏人縣後，突然感覺心中不安，就問隨從：「這個縣叫什麼名字？」隨從回答說：「柏人。」劉邦頓生厭惡之意，說：「柏人，柏人，迫於人也。」於是便下旨馬上離去，不在柏人縣留宿。

轉眼又過了一年，貫高的仇人得知了貫高謀反的事情，便向朝廷告發此事。劉邦勃然大怒，認為謀反的主謀肯定是趙王張敖，馬上下令將張敖逮捕押送到京城受審，趙國群臣賓客有些膽大的跟隨而去，全都被殺掉了。

趙午等人見事情連累了趙王張敖，又愧又恨，全都想自殺以謝罪。貫高見此，憤怒地責罵道：「誰讓你們這樣做的？大王沒有謀反，反被皇上拘捕，你們都死了，誰來為大王證明清白呢？」

　　眾人聽了，都覺得有道理，於是貫高與趙午等十多人全都剃髮為奴，跟隨張敖去了長安。到了長安，張敖與貫高等人就被關進大牢。

　　獄吏審問貫高，問趙王是不是謀反的主謀，貫高高呼：「謀反是我們的主張，與趙王無關，趙王一點兒也不知道。」獄吏認為貫高是為趙王打掩護，便百般用刑，直到貫高身上沒有一塊皮肉是完整的，已經無法再用刑了，貫高也沒有誣告趙王。

　　呂后多次在劉邦面前替張敖說情，認為張敖是皇帝的女婿，是不會謀反的。可是劉邦根本聽不進去呂后的說辭，反而惱怒地說：「如果讓張敖當上了皇帝，還會缺少像你女兒這樣的女人嗎？」

　　沒過多長時間，廷尉將貫高的供狀和在獄中的表現一一呈報給劉邦。劉邦得知後，非常敬佩貫高的忠勇，感慨道：「貫高真壯士也！朝臣中誰與此人有交情，讓他以私人身分去問問貫高所言可屬事實。」

　　中大夫洩公道：「臣與貫高是同鄉，對他的為人很清楚，此人是一個重節義、守信諾之人。」於是劉邦派洩公去面見貫高。

　　貫高因受重傷，正在蓆子上躺著，抬頭看到有人來，就問：「是洩公來了嗎？」

　　洩公應了一聲，坐在蓆子邊上。同鄉相見，格外親切，貫高猶如

忘卻疼痛一樣，和洩公興奮地交談起來。說著說著就說到了謀反一事上，洩公小聲問貫高，趙王是不是參與了謀反。貫高說：「人都是最愛自己的父母妻兒的，如今我所犯的罪，是要滅三族的重罪，如果趙王真的參與了，我哪能為了趙王而將自己的父母妻兒置於死地而不顧呢？趙王真的沒有參與謀反，從頭到尾都只有我等謀反。」接著，貫高就將謀反的前因後果一五一十地告訴了洩公。

洩公回來後，如實向劉邦做了匯報。劉邦為貫高的忠義所感動，不僅將趙王張敖釋放，還一併赦免貫高，但貫高認為自己為人臣謀反，是不可饒恕的重罪，無顏再苟活於世，便自殺了。他的忠義之美名也隨之傳揚天下。

鬼谷子說：「參調而應，利道而動。故繁言而不亂，翱翔而不迷，變易而不危者，睹要得理。」漢高祖劉邦面對謀反之事，沒有偏聽偏信，而是「用心思，用耳聽，用目見」，三者結合，從而了解了事情的詳情，釋放了趙王張敖，也赦免了謀反之主謀貫高。

口可以食，不可以言

　　故無目者不可示以五色，無耳者不可告以五音。[①]故不可以
往者，無所開之也，不可以來者，無所受之也。物有不通者，聖
人故不事也。古人有言曰：「口可以食，不可以言。」言者，有
諱忌[②]也。「眾口鑠金」，言有曲故也。[③]

【註釋】

　　①五色：青、赤、白、黑、黃五種顏色，這裡泛指各種外界事
物。五音：宮、商、角、徵、羽五種音階，這裡泛指各種聲音。②
諱忌：避諱，指不能說、不敢說或不願意說的話。③眾口鑠金：語
出《國語‧周語下》，「故諺曰：『眾心成城，眾口鑠金。』」韋昭註：
「鑠，銷也。眾口所毀，雖金石猶可銷也。」指輿論威力大。言有
曲：說話時因存有私心，難免歪曲事實真相。

【譯文】

　　所以，面對沒有視力的人不能把各種顏色顯示給他看，對沒有聽
力的人，不能發出各種聲音給他聽。如果不去遊說，就無法使對方的
心扉打開，我們就無法了解到實情，如果不讓他人前來遊說，就不會
得到對方的想法。當雙方的信息不暢通的時候，聖人是不會亂做的。
古人常說：「嘴巴可以用來吃飯，卻不能用來亂說話。」這就是說，
說話要有所顧忌。諺語說「眾口鑠金」，這是因為人們在說話時往往
由於私心而歪曲事實真相。

【智慧全解】

鬼谷子說：「口可以食，不可以言。」意思是說，嘴巴是用來吃飯的，而不是用來亂說話的。鬼谷子在此強調的是，就算是有雄辯之能的人，說話也要謹慎小心，沒有效果的話沒必要說，觸犯他人忌諱的話，一定不能說。

俗話說「言者無心，聽者有意」。很多時候，我們無心出口的一句話，很可能會給他人造成傷害。所謂「差之毫釐，失之千里」，語言表達的一點兒偏差都有可能導致意思相差十萬八千里。若想避免這種不必要的麻煩，最重要的一條便是，說話前一定要三思，要用大腦考慮一番再出口。

總之，生活中，我們一定要管住自己的嘴，說話前一定要用自己的大腦想一想，什麼話該說，什麼話不該說，這個場合該說什麼話，那個場合又該說什麼話。把要說的話在大腦裡多打幾個轉，覺得恰當合適的時候再說，如果你能在表達方式上也多加注意技巧，那麼效果會更好。

曾看過這樣一個故事：宋朝時期有一位名叫孫山的人，為人聰明又幽默，非常喜歡說笑話。有一次，他去京城參加考試，鄰居有位吳先生的兒子也跟他一起去，那位父親一直拜託孫山要多多照顧他的兒子。到了京城以後，兩人住在一起，也一起進了考場。但放榜的時候，孫山得了最後一名，而鄰居的兒子則沒考上。鄰居的兒子心裡很難過，於是決定留下來準備參加下一次的考試。孫山一回到家中，鄉親都跑來探望他，並且很關心地問他考得如何。鄰居吳先生也跑來

問他兒子的考試情況。孫山笑了笑，回答他說：「你的兒子還在京城呢！」鄰居急著問：「為什麼呢？我兒子到底有沒有考中？」孫山看了他也不直接回答，只說：「解名盡處是孫山，賢郎更在孫山外。」這便是「名落孫山」這個成語典故的由來。

孫山的回答既委婉又含蓄，非但沒有觸到別人的痛處，反而會讓別人對他的詼諧幽默佩服不已，這便是語言的魅力所在。說話，你不能不小心，讓自己的腦子比嘴巴轉得快點便是其中一條應該遵守的原則，如果做好了這點，得罪他人的話便不會再從你的嘴裡蹦出來。

另外，管好自己的嘴，不說廢話，不犯他人忌諱，這些全在於自己的收斂。然而，你就是管好了自己的嘴，也管不了別人的嘴。所以，還要特別留意避免受到別人謠言的中傷。

俗話說：「眾口鑠金，積毀銷骨」，流言蜚語多了，「是」可以被說成「非」，「白」可以被說成「黑」。一代名將岳飛不就是因為「莫須有」的罪名，慘死在奸臣秦檜手裡的嗎？歷史上還有很多忠臣遭到奸臣的讒言，過早地結束了自己的政治生命。常言說得好：「傷人之言不可有，防人之心不可無。」這一點我們一定要記住。

【閱讀延伸】

南宋初年，劉正彥等人發動兵變，逼迫宋高宗趙構退位。宋朝局勢岌岌可危。面對如此危急的形勢，尚書右僕射朱勝非卻鎮定至極，他冷靜地思考著保護皇室的措施。被挾持的大臣中有人悄悄對朱勝非說：「苗傅、劉正彥等人明顯產生了反意，我們深受皇恩，現在到了

以死報效皇恩的時候了，我們一起向苗、劉抗辯吧？」

朱勝非聽了，搖了搖頭，說：「那樣只是以卵擊石，對國事一點好處沒有，還枉送了性命，不划算。如果我們輕舉妄動，只會讓皇上處於更加危險的境地。」

於是，朱勝非表面上順從了苗、劉二人。苗、劉二人原本對他比較懷疑，現在看他如此恭順，非常高興，對他說：「朱大人名望甚高，自知是非福禍。朱大人如果願意和我們一道除奸，一定有享不完的榮華富貴。」朱勝非點頭稱是。苗、劉二人問他以後有何打算，朱勝非含糊其辭地答道：「二位大人深謀遠慮，自有勝算，小人豈能胡亂進言？我天生懦弱，只要二位大人不殺我，我已感激不盡，哪裡還敢有謀算？大人有用得著小人的地方，儘管吩咐，小人遵命行事即可。」苗、劉二人相視一笑，覺得此人不足為慮，就不再管他了。

苗、劉二人見到宋高宗，逼著他退位，由太后輔助皇太子聽政，氣氛緊張至極。一些膽小怕事的大臣都站在了苗、劉二人身邊，爭先恐後地勸宋高宗退位，只有朱勝非沉默不語。苗、劉二人看了，呵斥朱勝非：「你不是答應與我們一起謀事的嗎，為什麼現在不說話呢？」朱勝非裝出一副神祕的樣子，說：「我想說的，大家都已經說了，再說還有什麼用呢？我之所以不吭聲，是想讓皇上以為我和他同心，我就可以順勢勸一勸他了。」

儘管苗、劉二人心裡很懷疑，但還是讓朱勝非去勸宋高宗。朱勝非見了宋高宗，勸說道：「如今形勢被賊人控制了，陛下應該忍辱負重，保重龍體。陛下如果再和他們硬碰硬，只怕他們會胡來，那樣陛

下的性命就難保了。不如暫且答應他們的條件，臣暗中派人調來援軍，這樣就可以誅滅逆賊，陛下也可以復位了。」

宋高宗起初一點兒也不相信他，還是堅持著不退位。朱勝非繼續說：「臣對這件事有著十成的把握。王均甫、王世修和苗、劉二人並不一心，只要臣用心推動一下，就能讓他們二人反戈相擊，投向我們。只要陛下稍稍忍耐一下，過不了多久，就能剷除逆賊。」宋高宗看他說得十分真誠，也很有把握，終於相信了他，宣布退位了。

朱勝非勸說成功，苗、劉二人非常高興，對他很是稱讚了一番，並詢問他是如何勸說的。朱勝非淡然一笑，說：「我並沒有勸說皇上，只說了苗、劉二位大人對朝廷的忠心，以及眾人擁戴的氣勢，皇上聽了後一定是覺得比較慚愧吧，所以才答應退位的。」苗、劉二人聽了，更加滿意，從此把他看成心腹之人。

朱勝非迷惑了苗、劉二人後，開始在私底下勸說王均甫、王世修為朝廷效力，他為二人分析了當前形勢以及利害關係，二人聽後惶恐不安，很快就答應將功補過，共同誅滅苗、劉二人。

過了一個月，朝廷援軍終於到來，斬殺了苗、劉二人，宋高宗得以復位，叛亂很快被平定。事後，王均甫對朱勝非說：「大人平日裡沉默寡言，別人絲毫不把你放在心上，沒想到大人原來是深藏不露啊！」

鬼谷子用「口可以食，不可以言」來提醒謀士應該在不利時刻隱藏自己的才幹，而不是自作聰明，這樣才能保證成就事業而無禍患。一個人要想獲得別人的尊重與器重，就要敢於表現自己的才華，但是

在表現的時候光大膽是不行的，更重要的是把握好表現的時機。過分張揚，鋒芒太露，只會讓自己陷入困境，甚至會枉送性命。朱勝非就是一個會藏匿自我，善於把握機會的人，他假裝順從苗、劉叛軍，而後悄悄勸說「二王」，等待朝廷援軍，誅滅了叛軍，不但保全了自己，也使朝廷化險為夷。

避其所短，用其所長

人之情，出言則欲聽[1]，舉事則欲成。是故智者不用其所短，而用愚人之所長，不用其所拙，而用愚人之所工，故不困也。言其有利[2]者，從其所長也；言其有害者，避其所短也。故介蟲之捍也，必為堅厚；螫（shì）蟲[3]之動也，必以毒螫。故禽獸知用其長，而談者亦知其用而用也。

【註釋】

①欲聽：想要讓人接納、聽從。②言其有利：討論怎樣對自己有利。③螫蟲：帶毒刺的蟲。螫，蜇。

【譯文】

人之常情是說出話來總希望別人聽從，做什麼事情總盼望著能夠成功。所以，聰明人絕不使用自己的短處，而去利用愚蠢者的長處；不使用自己不擅長之處，而去利用愚蠢者的擅長之處，這樣，他就不會陷於困境，做起事來一向順利。我們在討論某件事是有利的，那是因為我們是從它的長處來說的；我們說某件事是有害的，那是因為我們是從它的短處來說的。所以，那些有甲殼的動物在保護自己的時候，一定憑藉自己堅厚的甲殼；那些有毒刺的動物在進攻別人時，一定會充分利用自己的毒刺。可見，禽獸都懂得利用自己的長處，因此，遊說之士也要知道自己應該使用的方法而充分利用它。

【智慧全解】

鬼谷子在此提出了一個非常有智慧的策略，那就是無論作戰還是做事，都要善於揚長避短，善於發揮我方的長處，避開我方的短處，這樣才能趨利避害，取得成功。

所謂「尺有所短，寸有所長」，世間的萬事萬物都有自己賴以生存的優勢，同時也存在著其相對的劣勢。拿雞蛋去碰石頭，只是自取滅亡；而拿石頭去碰雞蛋，則能一舉獲勝。所以我們要善於用自己的長處去進攻他人的短處，這樣才能獲得成功。

生活中，有些人看不到自己的長處，一味地為自己的短處鬱鬱寡歡、悶悶不樂，還經常拿自己的短處跟對手的長處作對比，這樣做實在是愚蠢至極，等於是自取其辱，就算再努力、再勤奮，等待他們的也只能是「失敗」二字。

試想一下，如果讓鄧亞萍去跟姚明打籃球，讓丁俊暉與劉翔比跨欄，讓歌星與乒乓球名將對決……那將是什麼局面呢？那些在自己的賽場上叱吒風雲的人物還能是贏家嗎？

古今中外無數事實證明，打架不一定弱的輸，賽跑不一定快的贏。只要你能揚長避短，就能成就精彩的人生。戰國時期，孫臏不是用下等馬對上等馬、中等馬對下等馬、上等馬對中等馬的方式幫助田忌賽馬獲勝了嗎？抗戰時期，中國共產黨不是以農村包圍城市的策略取得戰爭的勝利了嗎？這些成功都充分證明了，只要以己之長攻人之短，就能更好地發展自我，就能立於不敗之地。

兩軍相遇強者勝，兩強相遇智者勝。要想成就大業，就不能把自己的弱點、短處顯露在他人面前，更不能用自己的短處去對抗對手的長處。揚長避短，以己之長，攻人之短，才是成功的硬道理。正如鬼谷子所說：「介蟲之捍也，必為堅厚；螫蟲之動也，必以毒螫。故禽獸知用其長」。

【閱讀延伸】

　　戰國時期趙國有一個智慧過人的人，名叫李左車，他是趙國著名將軍李牧的孫子，秦朝末年，六國並起，李左車輔佐趙王歇，被封為廣武君。

　　後來，韓信欲領兵征討趙國，他探聽到李左車的威名，便下令三軍：「一定要活捕李左車，誰抓來活的，賞一千金；誰要是送來死的，不但沒有賞金，而且罪加一等，軍法伺候。」

　　當時趙國將領陳余領兵抗擊韓信，李左車向他獻策，可是陳余根本不聽，結果趙軍被韓信打得落花流水，陳余也被漢軍所殺，趙王被擒。李左車果然被活捉。因為韓信在戰前特別囑咐過，所以李左車在亂軍混戰中沒有受到一點兒傷害。

　　李左車被韓信的部下捆了個結結實實，送到韓信的面前，雖然是敗軍之將，韓信卻絲毫沒有怠慢他，還親自來到李左車面前，恭敬地給他鬆綁。

　　然後，韓信極為謙恭地對李左車說：「我有一件事不明白，想請教先生，現在我已收復了趙地，我想乘勝追擊，向北攻打燕國，向東

征討齊國，先生看可行否？」

李左車看韓信態度真誠，竟然對自己這個俘虜如此謙遜有禮，心中泛起感激之情，也相當誠懇地說：「我是一個敗軍之將，哪裡敢給將軍指點呢？不過，我個人認為，將軍您現在如果想攻燕伐齊是不妥當的，這個計劃可以說是一個致命的錯誤。」

「為什麼會這樣說呢？」韓信問。

李左車說：「將軍一天之中以三萬兵馬打敗了二十萬趙軍，可謂是聲名遠颺，威望震天，這是多麼神勇的戰績啊！這樣宏大的戰績是大將軍您的長處和優勢。可是，現在的您看起來好像氣勢磅礡，可是軍隊已經顯露了疲態，這是您的劣勢與短處。您如果率領這樣一支疲憊的軍隊去前線，只能使軍隊陷入困苦之中，您的劣勢會更加明顯地暴露在敵人面前，時間長了，糧草用盡，您的敵人就可以坐等您的滅亡了。」

韓信可以說是一個狂妄不羈之人，可是他聽了李左車這一席話，頓生敬佩之意，他更加謙虛地向李左車請教起來：「那麼，依先生看，我現在應該怎麼辦呢？」

李左車自信地回答：「我認為，善於用兵的人，從來不會拿自己的短處去攻擊別人的長處，而應該揚長避短。將軍可以暫停一切軍事行動，在趙國休整一段時間，這樣既可以收服人心，又可以讓軍隊得到足夠的供養。燕國統治者和百姓們看到您的勇和仁，一定會心甘情願地順從。這種反應可以說是連鎖的，強大的齊國看了，也會順勢追隨於您。穩定了燕國、齊國，瓦解他們的鬥志之後，一切都會朝著

有利於將軍的方向發展了，即使有難解的事，也可以順勢迎刃而解了。」

韓信思索良久，覺得李左車說得很有道理，就採納了他的建議，讓軍隊在趙國休養生息，他則以仁義治理趙地，不久，趙地在韓信的治理下，變得井然有序，百姓安樂。治理好了趙地，韓信又派人勸降燕國和齊國，實現了不戰而屈人之兵的目的。

智人用兵，絕對不會一味強攻，而是善於揚長避短，這樣就會大大減小行動的阻力，李左車深諳此道，所以才勸服韓信採用了他的建議，達到了「不戰而屈人之兵」的目的。

精則用之，利則行之

故曰辭言^①有五：曰病、曰恐、曰憂、曰怒、曰喜。病者，感衰氣^②而不神也；恐者，腸絕^③而無主也；憂者，閉塞^④而不洩也；怒者，妄動而不治也；喜者，宣散而無要也。^⑤此五者，精則用之，利則行之。

【註釋】

①辭言：不被接受之言。辭，這裡是卻、拒絕之意。②衰氣：氣息衰弱，精神恍惚。③腸絕：形容極端悲痛。④閉塞：此指精神抑鬱，情思不通。⑤宣：疏散。要：扼要，有要點。

【譯文】

所以說，在遊說中要摒棄的言辭有五種：病言、恐言、憂言、怒言、喜言。病言，讓人聽了感到氣餒，沒有精神；恐言，讓人聽了害怕而沒有主見；憂言，讓人聽了心情鬱結，不願與人交流；怒言，讓人聽了火氣攻心而導致不可收拾的後果；喜言，讓人聽了心意疏散而失去要點。這五種言辭，只有在人的精氣通暢時才能適當應用，只有在有利的時候才能實行。

【智慧全解】

鬼谷子在此提出了遊說過程中要摒棄的五種言辭，病言、恐言、

憂言、怒言、喜言，而且還說：「此五者，精則用之，利則行之。」意思是說，這五種言辭只有在人精氣通暢時、在有利的時候才能使用。鬼谷子一向善於逆向思維，說是要摒棄這五種言辭，其真實意思是提倡使用這五種言辭，只不過要熟練地加以掌握，適時地加以運用，如果運用得當，可以對自己的遊說起到意想不到的作用。

病言、恐言、憂言、怒言、喜言，每一種言辭都貌似美中不足，說出來甚至會被人指責，可是卻能很好地給自己留下迴旋的餘地，是以退為進的一種不錯的遊說方式。說服他人，只掌握華麗的詞彙、口若懸河的論辯方式是不行的，有時採用迂迴的辦法，或許更能推動遊說向有利於我方的形勢發展。

孔子遊學過程中發生過這樣一件事：有一次，孔子的馬匹跑進一個農夫的田裡，農夫一怒之下扣下了馬匹。孔子的一個學生自恃論辯能力卓越，便自告奮勇去勸說農夫放了馬匹，可是他說得唾沫橫飛、口乾舌燥，可農夫根本不為所動。另一個學生去了，沒有講什麼大道理，而是謙卑地鞠躬，用極為真誠的口氣說：「您不是在遙遠的東海種田，我也不是在遙遠的西海耕地，我們之間相隔得不遠，所以我的馬免不了會吃你田裡的草，你的牛也免不了會吃我地裡的草。」這個學生並沒有明說讓農夫放馬，其話語聽上去是不著邊際的嘮嗑，其實農夫卻聽明白了，很快就放了馬。

在這裡，孔子的後一個學生使用的就是五言中的憂言，雖然沒有用什麼華麗的辭藻，卻能打動農夫的心，成功要回了馬匹。由此可見，病言、恐言、憂言、怒言、喜言五種言辭其實是很好的遊說方

式，所以鬼谷子才會說，如果善加運用，會受益良多。

說服他人的方式有很多，針對不同的對象，在不同的場合，要採用不同的策略。正面遊說是遊說，反向遊說也是遊說，正所謂「不論黑貓白貓，逮到老鼠就是好貓」。只要遊說成功，不管什麼方式都是好的遊說方式。有些時候，採用出其不意、逆向迂迴的方式去遊說，反而能起到更好的效果。

【閱讀延伸】

春秋戰國時期，楚國國君聽說齊國的晏子是一個能言善辯的人，得知他來到楚國就想戲弄他一下。他聽說晏子身材矮小，迎接的時候就在大門旁邊開了一道小門請晏子進去。晏子一看，就知道楚國是在故意為難自己，就冷靜地說：「只有到狗國出使的才從狗洞進入。我今天出使的是楚國，你們確定讓我從此洞進入嗎？」

聞此言，楚王只得讓晏子從正門進入。

晏子拜見楚王，楚王故意問：「齊國怎麼會派你來呢？難道齊國沒有人了嗎？」晏子不疾不緩地說：「齊國的都城有七千五百戶人家，只要一起張開袖子，就能把天遮住；一起揮灑汗水，就會像下雨一樣；街上行人肩擦肩、腳尖碰腳跟，怎麼會沒有呢？齊國之所以派微臣出使貴國，是根據不同的對象、不同的情況而定的，賢能的人被派往賢能的國家去，非賢能的人當然會被派往非賢能的國家去。臣是齊國最無能之人，所以只能被派到這裡來。」本想嘲弄他人的楚國君臣，沒想到一出口就討了個沒趣。

楚王擺宴招待晏子，賓客喝得正歡時，兩個小吏綁著一個人從楚王面前經過。楚王攔著問道：「這綁的是什麼人？」小吏回答說：「是齊國人。」楚王問：「他身犯何罪？」小吏回答：「偷竊罪。」其實這個小插曲是事先安排好的，也是想戲弄一下齊國使臣晏子。話說到這個分上，楚王瞟了一眼正在喝酒的晏子，問：「你們齊國人是不是天生就喜歡偷竊啊？」

　　晏子放下酒杯，站起身來回答道：「據說，橘子生長在淮南是橘子，而生長在淮北就叫枳子了。它們的葉子長得很像，可是結出來的果實的口味卻大相逕庭。同樣的種子結出不同的果實，這是什麼原因呢？水土不同啊。老百姓生活在齊國不偷竊，來到楚國就偷竊，難道楚國的水土使老百姓喜歡偷竊了？」楚王尷尬地笑了笑，說：「看來是不能跟聖人開玩笑啊，否則只會自討沒趣。」

　　從晏子的話語上看，他一直沒有正面反駁對方，都是順著對方的話往上說的，可是到最後卻又引導著對方得出一個荒謬的結論。每次都不強勢、果斷、硬碰硬，看上去沒有一點兒氣勢，但是對方卻沒有得到一點兒取勝的機會，甚至還遭到自損，晏子成功地實現了退一步進兩步的目的。可見鬼谷子的「五言」運用得當的話，效果還是相當不錯的。

言之多類，事之多變

　　故與智者言依於博，與博者言依於辨①，與辨者言依於要，與貴者言依於勢②，與富者言依於高③，與貧者言依於利，與賤者言依於謙，與勇者言依於敢，與愚者言依於銳④。此其術也，而人常反之。是故與智者言，將此以明之；與不智者言，將此以教之，而甚難為也。故言多類，事多變。故終日言，不失其類而事不亂。⑤終日不變而不失其主，故智貴不妄。⑥聽貴聰，智貴明，辭貴奇。⑦

【註釋】

　　①辨：辨同異而使之條理化。②勢：權勢。③高：尊敬，看重。④銳：細小。⑤不失其類：不偏離某類言辭的原則。事不亂：論事有條不紊。⑥主：主旨，主題，基本主張。貴不妄：以不妄動、不混亂為可貴。⑦聰：聽得真切。明：明白通達。

【譯文】

　　所以，遊說有智識的人，要靠博識多見的言辭；遊說知識淵博的人，要靠條理明辨的言辭；遊說明辨事理的人，要善於抓住要領，簡明扼要；遊說高貴的人，要圍繞權勢來進行；遊說富人，要靠尊敬的態度；遊說貧窮的人，要從能夠給他帶來利益的角度出發；遊說地位卑賤的人，要注意態度謙恭，讓對方容易接受；遊說勇士，要圍繞勇敢果斷的話題展開；遊說愚蠢的人，要從細微處著眼，用對方容易理

解的言語作答。這就是遊說的技巧。但是，人們常常違背它，反其道而行之。

　　所以在跟聰明人交談時，使用這些技巧，他是很容易明白的；跟愚笨之人交談，教他使用這些技巧，是很難辦到的。言辭有很多種類，事情千變萬化。只有根據實際情況，選擇不同的言辭去遊說，即使整日在說，事情也不會混亂。雖然整天所談的內容不變，而言語隨著事物千變萬化，也不會失掉主旨。所以智慧的可貴就在於能夠按照言說的原則去處理事情而不妄動。聽言貴在聽得真切，智慧貴在能明辨事理，言辭貴在能出奇制勝。

【智慧全解】

　　在這裡，鬼谷子說：「故與智者言依於博，與博者言依於辨，與辨者言依於要，與貴者言依於勢，與富者言依於高，與貧者言依於利，與賤者言依於謙，與勇者言依於敢，與愚者言依於銳。」強調在說服他人時，要針對不同的對象，採用不同的策略。

　　當今社會，科技疾速發展，促使我們不管身在何地，從事何種職業，都要跟不同階層、不同種族、不同區域的不同人打交道。你對面站著高高在上、不苟言笑的大老闆，你就得用適合對方身分的言語與之交談；你對面站著一個溫婉靦腆的小姑娘，你就應該用對方能夠接受的言辭去交談。

　　怎樣才能靠一張嘴就吸引住對方呢？關鍵就在於你的說話技巧。只有用足夠的聰明才智去尋求談話對象願意接受的方式，順勢而為，

才能達成我們的目的。

所以說，在交談之前，我們首先要弄清楚對方的身分，盡量用接近對方的語言風格與之交流，避免使用對方難以接受的言辭。否則，就算你口槍舌劍，口水四濺，對方也未必能得到多少有用的信息，不懂或不理解你所說的話，這樣他又怎麼能接受你的意見和建議呢？

比方說你推銷空調，如果你面對一個比較直爽隨和的人，完全可以隨意地說：「嗨，我們新開發了一款空調，功能齊全，效果特別好，趕緊買一台試試吧！」對方聽了這樣的話，會覺得親切，很願意聽你說下去。如果你面對一個非常嚴謹認真的人，那你就不能這樣直率了，而應該說：「我們新開發的空調採用的是最先進的製冷技術，已經取得了一級質量認證，相信會很適合您及家人。」嚴謹之人更願意接受這樣專業、謙遜的言辭，聽了這樣的話，他或許會停下來聽你講下去，有進一步了解的慾望，會考慮是不是該買。

針對不同的對象，採用不同的說話策略，是一種智慧，同時也是對對方的一種尊重。總的來說，根據不同的事情、不同的場合採用不同的措施，具體問題具體分析，你就有機會獲得成功，正如鬼谷子所說：「故言多類，事多變。故終日言，不失其類而事不亂。終日不變而不失其主」。

【閱讀延伸】

戰國時期，秦軍大舉進攻趙國，不到一個月，就兵臨趙都邯鄲城下。經過長平之戰，趙國力量虛弱，此時，外無援兵，內乏糧草，面

臨亡國的危險。邯鄲城內人心惶惶。

趙王派公子平原君到楚國搬兵救趙。平原君接到趙王命令，立即召集門客說：「趙國危在旦夕，趙王令臣出使楚國求援，我欲帶二十位智勇雙全、文武兼備的人一同完成這一重要使命。」說完，他就開始挑選同行的門客。挑來挑去，總共挑出了十九個人，還差一個人，卻怎麼也挑不出合適的人選了。

平原君為難起來，正在這時，一個人從沒有被選中的人群中走了出來，此人其貌不揚，平時很少言語。他走到平原君跟前，說：「如果公子實在找不出合適的人選，在下不才，願濫竽充數，隨公子前往。」

平原君的門客特別多，平原君根本不能認全，便問道：「你是誰，我以前怎麼不曾見過你？」

「在下是毛遂。」那人回答。

平原君實在沒什麼印象，就問：「你來到我門下多久了？」

毛遂回答說：「三年多了吧。」

平原君盯著毛遂看了看，搖了搖頭說：「錐子放在布袋裡，很快就會露出鋒芒。你在我門下待了這麼長時間，我怎麼從未聽說過你呢？這次去楚國，責任重大，關係趙國的存亡，你既然無突出才能，還是留下看家吧！」

毛遂鎮靜地說：「我雖然在公子門下三年多，但公子從未把我放

到您的布袋裡。假如公子把我放到布袋裡，我早就脫穎而出了。」

平原君覺得毛遂態度堅決，又實在沒有合適的人選，只得答應了他：「好吧，請你跟我們一起去楚國吧！」其他門客都相視而笑，認為毛遂不會有什麼本事。

平原君一行簡單收拾了一下行裝就上路了。一路上，平時少言寡語的毛遂侃侃而談，縱論滔滔，天文地理，列國形勢，無所不知，令同行的人刮目相看。

到了楚國，平原君隻身前往楚王宮，面見楚王，二十位門客都留在客棧等候消息。

平原君見到楚王后，費盡口舌，細陳趙國的危急形勢以及楚國救趙的利害關係，可是楚王根本沒有用心去聽，只是裝模作樣地說些應付之辭，卻遲遲不表態是出兵還是不出兵。談判從早晨一直談到黃昏，卻沒有一點實質性的進展。

門客們在客棧急得心急火燎，就慫恿毛遂去了解一下談判情況。毛遂來到王宮，徑直來到平原君跟前，氣呼呼地說：「趙楚兩國聯合抗秦的事，用不了兩句話就可以談完，公子卻從早晨談到黃昏，是何道理？」

楚王見來了個毛頭小子，便問平原君：「這個人是誰呀？」

平原君趕忙起身答道：「這是臣的門客毛遂。」

楚王一聽，勃然大怒，呵斥道：「大膽狂徒，寡人正與你家主人

談論軍國大事，你闖進來想幹什麼？還不趕快退下！」

平原君連忙扯住毛遂，叫他離開宮殿，以免招惹事端。

毛遂用力掙脫平原君，一個箭步跳到楚王面前，一手按住佩劍，兩眼直盯著楚王說：「大王敢對我大聲呵斥，不過是仰仗楚國兵多將廣。可現在，大王的性命就攥在我手裡，即使大王有雄兵百萬也是遠水不解近渴。我家主人在此，請大王放尊重些！」

毛遂的舉動將楚王嚇住了，大氣都不敢喘，顫抖著身子緊緊地盯著毛遂按劍的手，唯恐毛遂稍不如意就拔劍抹了他的脖子。

毛遂向四周掃了一眼，見楚王的衛兵都掣劍在手，氣氛緊張得讓人透不過氣來。毛遂面無懼色，繼續說道：「當年，商湯以七十里之地而王天下；文王也不過百里地盤，卻能號令諸侯。奪取天下不在將士多寡，而在於能順應時勢，壯大聲威。今楚國擁有方圓五千里的遼闊疆域，上百萬的鐵甲雄兵，稱霸天下，無可匹敵。可秦國只憑一個區區白起，幾萬人馬，竟一戰攻克鄢、郢，再戰火燒夷陵，三戰羞辱大王的先人，這種萬世的怨仇，連趙國都為楚國感到恥辱，難道大王就不知道羞愧嗎？今天，我家主人奉趙王之命，不畏艱險，千里迢迢來到楚國，與大王合縱結盟，共同抗擊秦國。大王不但不思報仇雪恨，反而一再推諉，怠慢來使，當著我家主人的面呵斥我，真是沒有道理！」

毛遂的這一番話直激得楚王面紅耳赤，羞愧難當，他的態度也來了個一百八十度的大轉彎，馬上對毛遂客氣起來，說：「先生所言一針見血，寡人一時糊塗，險些錯失良機。今日願從先生，共同抗

秦。」

毛遂緊追不捨，問：「大王一言既出，駟馬難追，合縱之事就這麼定了？」

楚王說：「確定無疑，決不反悔！」

毛遂當即招呼楚王左右：「請取雞、狗、馬血來！」

不一會兒，侍者拿來血和祭器。毛遂雙手將馬血捧給楚王，說：「請大王先飲。」

楚王舔了一口，毛遂又將狗血遞給平原君喝，然後自己把雞血一飲而盡。眾人高呼，盟誓完畢。

平原君等人辭別楚王，回國覆命。楚國之行，平原君感慨頗多，從此他不但把毛遂待為上賓，而且對身邊的人說：「天下才士，我見過成百上千，可從未見過像毛先生這樣膽識過人的人。毛先生不鳴則已，一鳴驚人，他的三寸舌頭，真可以抵得上幾十萬大軍啊！」從那以後，只有要大事相議，平原君都會虛心請教毛遂，毛遂也因此次出使楚國而成名。

毛遂在自我舉薦過程中針對平原君時，採用了「與富者言，依於高」的言辭，在氣勢上壓倒了平原君；在說服楚王的過程中，他又採用了「與勇者言，依於敢」的言辭，一舉唬住了楚王，迫使楚王答應合縱抗秦。毛遂之所以成功，正是因為他針對不同的對象採用不同的方法的緣故。

謀篇第十：
多謀善斷，出奇制勝

　　「謀」，謀劃、計謀。「權」與「謀」是連在一起的，「權謀」是權衡謀略之後，施行計策之意。所以本篇是權篇的姊妹篇，權篇著重論遊說，本篇著重論述計謀，涉及計謀的準備、對象、方法及原則等，是關於計謀的專論，其主旨是如何針對不同的人或事去設立和使用計謀，以達到自己的目的。

審得其情，以生奇計

凡謀有道，必得其所因，以求其情。[①]審得其情，乃立三儀[②]。三儀者：曰上，曰中，曰下，參以立焉，以生奇。[③]奇不知其所雍，始於古之所從。[④]故鄭人之取玉也，載司南之車，為其不惑也。[⑤]夫度材量能揣情者，亦事之司南也。

【註釋】

①道：原則，規律。所因：所緣發、所產生的原因。情：真實情況或思想感情。②三儀：三種境界。儀，法度，準則。③參以立焉：經過參驗而確立。參，參照，參驗。生奇：產生奇計。④雍：通「壅」，壅塞，閉塞，阻擋。始於古之所從：遵從遠古之人開始使用的方法。⑤取玉：指入山采玉。載：乘坐。司南之車：古人用磁石指南原理製成的確定方位的儀器。惑：迷失。

【譯文】

凡是給人家出謀劃策，都要遵循一定的規律，即首先要追尋所面臨的事情的起因，進而探求事物發展過程特別是現在的各種情況。掌握了這些情況，才可以制訂三種策略。這三種策略，就是上策、中策、下策。將這三種策略互相參驗，互補互取，就能產生出解決問題的奇謀良策來。真正的奇計順從事理，能夠無所阻擋、無往不勝。這些奇計並非我們現在所擁有的，而是從古人的實踐中產生的。所以，鄭國人到山裡去采玉時，為了不迷路，必定會駕著能指示方向的司南

車。而揣度對方的才幹、能力等了解對方實情的辦法就是因事立計的「司南車」。

【智慧全解】

鬼谷子認為，為人出謀劃策，要遵循一定的規律，探尋事情的起因，尋求事物發展過程中的各種情況，這樣才能制訂出奇謀良策，這樣制訂出的計策才能出奇制勝，達到我們的目的。

針對不同的情況具體分析，才能確定三儀，然後相互確立謀略，這樣制訂的奇計才符合天道。鬼谷子的這個觀點與《孫子兵法》中所說的「以正合，以奇勝」有著異曲同工之妙。不論是說話，還是打仗，必須做到攻其不備，出其不意。所以鬼谷子說：「夫度材量能揣情者，亦事之司南也。」也就是說揣度對方的才幹、能力等了解對方實情的辦法就是因事立計的司南車。

楚漢爭霸之際，韓信背水一戰大破趙軍。在慶祝勝利的時候，將領們問韓信：「兵法上說，列陣時應該背靠山，陣前可以臨水澤，現在您讓我們背靠水排陣，竟然取勝了，這是一種什麼策略呢？」韓信笑著說：「這也是兵法上有的，只是你們沒有注意到罷了。兵法上不是說『陷之死地而後生，置之亡地而後存』嗎？如果是有退路的地方，士兵早都逃散了，怎麼能指望他們拚命呢？」

韓信精通兵法，但不囿於兵法，而是充分領會兵法之精華，將其融會貫通，最終達到出奇制勝的效果。

現實生活中，我們常常按照慣常的思路去想問題、辦事情，由於

絕大多數人都是這樣做事的，所以我們並不覺得有變化的必要，也並不覺得這樣做有什麼不好。可是當遇到困難時，我們用常規的做法解決不了，而另一些人卻用反常規的辦法巧妙而有效地解決了。所以，遇到問題的時候不要慌張，要冷靜地分析周邊的各種情況，從容應戰，做足準備，這樣就會有好的收穫。

從事情的起因看到結果，需要經驗，需要思辨的頭腦，需要敏捷的反應。沒有經驗，就無法驗證思辨結果的可行性；沒有思辨的頭腦就無法推斷事物的發展規律；沒有敏捷的反應能力，就會錯過做事的最佳時機。所以，我們平日裡要仔細觀察事物的細微變化，摸清事物的發展規律，以此來推斷事物未來的發展方向，並及早做出積極的反應。這樣，我們就能化被動為主動，根據事物的實情、對方的能力制訂出最佳的應對策略，做到出奇制勝。

【閱讀延伸】

三國時期，姜維得知司馬昭殺了曹髦、立了曹奐的消息後，馬上乘魏朝大變之機出兵征伐中原。姜維大軍在祁山下安營紮寨，剛安頓好軍馬，就有人來報：敵將王瓘率兵前來投降。

姜維命令軍兵攔住降兵，只讓降將進入營帳。

王瓘見到姜維說：「我是魏國尚書王經的侄兒王瓘。我叔父一家因曹髦而受牽連被司馬昭殺害。今聽說將軍又出師伐中原，我要借將軍之威，為叔父一家報仇雪恨。」姜維一聽，哈哈一笑，說：「將軍來降，我十分高興，昔日夏侯霸將軍降我，被我軍重用，卿也同樣。

現在我軍中糧草轉運是件大事，你可率本部軍馬三千人，去川口把幾千車糧草運到祁山寨中。我用你兩千軍馬做嚮導，去攻鄧艾營寨。」其實，王瓘此來是詐降，他知道姜維借魏朝有變，來伐中原，便投其所好，詐稱自己是王經的姪子，來投降姜維，企圖取得姜維的信任，為魏國謀取利益。現在見姜維如此安排，王瓘陷入兩難境地，不答應吧，恐怕姜維會產生疑心；答應吧，帶來的五千軍兵一下子就分出去近一半。思來想去，王瓘為了大計只好痛快地答應了。

王瓘出營後，夏侯霸入帳對姜維說：「我聽說魏將王瓘來投降，將軍怎麼能信任他的話呢？我在朝中多年，未聽說過王經有這樣一個姪子，其中必然有詐。」姜維大笑說：「將軍放心，我已經看出來了。司馬昭同曹操一樣奸詐無比，他既然殺掉了王經一家，絕對不會讓其親姪子來邊關統兵的。將軍不是看到我已把他的兵馬分開了嗎？我這是將計就計！」夏侯霸知道姜維有了防備，便放心出營而去。

姜維在王瓘率兵走後，便派兵在途中埋伏，切斷王瓘與鄧艾之間的連繫。果然不出姜維所料，十天不到，巡邏的軍兵就捉到一個王瓘派往鄧艾大寨的信使。姜維拿過書信一看，只見王瓘在信中說，自己八月二十日運糧到魏營，請鄧艾在壇山谷中接應。姜維把情況盤問仔細後，殺了信使，然後把信中八月二十日改為八月十五日，另派人扮成魏軍把書信送給鄧艾，同時做好在壇山谷伏擊鄧艾的準備。

鄧艾得到王瓘的書信後，仔細盤問了信使，見信無偽，便如期率五萬精兵向壇山谷中進發。到了谷口，鄧艾登山一看，果然見遠谷中有千餘輛糧車，慢慢而來。鄧艾見天色已晚，不敢貿然率兵入谷，便

在谷口安營，準備在谷口處接應王瓘。

姜維見鄧艾不率兵入谷，便又遣人扮作魏兵向鄧艾報告說：「現在糧車已經過界，被後面蜀軍發現，正在追趕，王將軍請鄧將軍速去接應。」鄧艾聽後，正猶豫不決，這時卻聽到谷中鼓聲陣陣，殺聲隱約傳來。他以為這必是王瓘與後面追兵在廝殺，於是率軍入谷去接應。

當鄧艾深入谷中後，谷口頓時被截斷，谷內草車瞬間燃起，伏兵一齊殺出，鄧艾聽到蜀軍內大喊「捉住鄧艾的可封萬戶侯」的懸賞令後，忙棄馬丟盔，混在步兵中，爬山而逃，其餘數萬軍馬皆降。

這時王瓘在川口還等著準備二十日舉事呢，突然聞訊鄧艾中計大敗的消息，已知自己的詐降之計敗露，於是趁夜燒了蜀軍糧草，見無路可走，便率兵向漢中方向殺去。

姜維正要繼續搜尋鄧艾，卻聽說王瓘見勢不妙，往漢中殺去了，怕漢中有失，立即率兵抄小路截阻王瓘。王瓘見四面受敵，無路可逃，跳江自盡了。

姜維根據魏國司馬昭的性情為人，推知王瓘不可能是王經之侄，由此判斷王瓘投降為假，生事為真，於是便將計就計設下圈套，滅掉了鄧艾的大軍，取得勝利，這便是「審得其情，以生奇計」，奇計可成也。

相益則親，相損則疏

故同情而相親者，[①]其俱成者也；同欲而相疏者，其偏害者也。同惡而相親者，其俱害者也；同惡而相疏者，偏害[②]者也。故相益則親，相損則疏。其數行也，此所以察異同之分也。故牆壞於其隙，木毀於其節，斯蓋其分也。[③]

【註釋】

①同情：思想感情、慾望相同。相親：互相親近。②偏害：其中一方受害。③節：竹木的枝幹交接處，節疤。分：職分，名分，引申為自身規律，固有準則。

【譯文】

擁有相同興趣或目的的人，如果彼此親近，那是因為共同的目標促使他們合作而獲得了成功。擁有相同興趣或目的而彼此疏遠，那是因為其中的一方一定受到了傷害。有著相同的憎惡或是仇恨的人，如果彼此親近，那是因為雙方的仇恨相互影響、感染，使仇恨成倍增加而對雙方都有了傷害；有著相同的憎惡或是仇恨卻彼此疏遠，那是因為只有一方受到了傷害。因此，雙方都有利就相互親近，雙方有害就相互疏遠。如果要運用一個計謀，必須要看到雙方是同還是不同。所以牆從有裂縫處崩塌，樹木從有節的地方折斷，縫隙和節疤就是它們的分界之處。

【智慧全解】

孔子曾說：「道不同，不相為謀。」意思是志向不同，就不能一起謀劃共事。鬼谷子所持的觀點與孔子一樣，「相益則親，相損則疏」，只有在雙方都有利的時候才會相互親近，如果雙方都有害，就會彼此疏遠。真正默契的合作，應該建立在共同的思想基礎和奮鬥目標上，一起追求，一起進步。如果沒有內在精神的默契，只有表面上的親熱，這樣的朋友是無法真正溝通和相互理解的，也就失去了做朋友的意義。

有這樣一則寓言：話說一隻青蛙愛上了老鼠，它每時每刻都想和老鼠在一起，於是它把老鼠的腳和自己的腳綁在了一起。剛開始，它們在地面上行走還算正常，一起玩耍，一起尋找食物，相親相愛，甚是和諧。可是後來，它們一起來到池塘邊，池塘是青蛙的樂園，卻是老鼠的墳墓，然而，青蛙顯然沒有意識到這一點，一看到池塘，青蛙想也不想就跳進了水裡，於是與它捆在一起的老鼠也被拖了下去。青蛙在水裡玩得不亦樂乎，而老鼠可就慘了，在水裡沒撲騰幾下就死掉了，直到它的屍體浮上水面時，它的腳還跟青蛙綁在一起。一隻老鷹看到水面上浮著一隻老鼠，便俯衝而下，伸出爪子便把老鼠抓了起來，青蛙當然也被提了起來，成了老鷹的盤中餐。

這則寓言充分證明了鬼谷子「相益則親，相損則疏」的觀點，說明不恰當的合作只會給雙方帶來損失。

就算是利益一致的合作雙方有時也會出現意見分歧。分歧大了就會轉化為矛盾，進而相互攻擊，結果也會導致兩敗俱傷。仔細想一

想，這樣的傷害是完全可以避免的。有時候，我們不必強硬地要求對方與我們保持步調一致，不妨換個態度，大家彼此禮讓三分，辦事情會順利很多。合作各方之間遇到矛盾，不要先找不同，而應先尋求共同點，只有尋求到共同點，才能找到解決問題的辦法，「求同存異」說的就是這個意思。尊重多元化、異中求同，這才是促進社會進步和人類發展的正確方法。

【閱讀延伸】

周王室曾分裂為東周和西周兩個國家，這兩個國家雖然同宗同姓，卻相互敵對。

有一天，東周君王正在朝堂上處理政務，一個大臣進來稟報：「主公，宮他求見。」宮他是西周的一名大夫，東周君一聽是西周人求見，很納悶，問：「他來幹什麼？」大臣回答說：「他說是來投降的。」東周君王一聽西周人前來投降，非常高興，連忙說：「快請他進來。」

宮他上殿後，東周君王問他為什麼會投降東周，宮他回答說：「良禽擇木而棲，賢臣擇主而事。我很早就聽說主公仁義愛民，禮賢下士，所以臣前來投效。」東周君王說：「大夫能來投，這是寡人的幸運啊！」於是，東周君王便留下宮他，並委以重用。

宮他投降東周後，將他知道的西周所有內情一一告訴了東周君王。西周君王聽說後，怒火中燒，但又無可奈何。

這時，大臣馮且對西周君王說：「主公切莫生氣，臣有一計可以

除掉宮他，以解主公心頭之恨。」西周君王忙問：「宮他已經逃到東周，你能有什麼辦法除掉他？」馮且說：「臣自有辦法，不過臣有個要求。」西周君王問：「什麼要求，但說無妨。」馮且說：「請主公給臣三十鎰金即可。」西周君王當即命人取來三十鎰金交給馮且。

馮且回到家後，馬上寫了一封書信，命人帶著三十鎰金和信一起送到東周，交到宮他手中。送信人走後，馮且又找來一個可信之人，吩咐道：「你即刻動身前往東周，告訴東周守城門的人，就說今天晚上會有西周的奸細到東周去給人送信，這件事一定要趕在那個送信的人的前面辦成。」此人領命而去。

這天夜裡，東周的守城之人果然捉到一個西周人，並從該人身上搜出三十鎰和一封信。守城人趕緊將東西送到東周君王手上。東周君王打開書信一看，頓時大怒，因為上面寫著：「請速告宮他，事情如果能夠辦成，就努力辦成；若辦不成，就趕緊逃回來，以免使機密洩露，枉送了性命。」看到這樣的信，東周君王能不怒嗎？他立馬命人前去捉拿宮他，第二天一大早就把宮他推出去殺了。

鬼谷子說：「相益則親，相損則疏。」孔子也說：「道不同，則不相與謀。」馮且充分利用了東周君王的心理，利用了東周與西周的利益矛盾，寫下一封信，成功離間了宮他與東周的關係，不費一兵一卒，就殺掉了西周君王的心腹大患宮他。

循序漸進，以制於事

故變生事，事生謀，謀生計，計生議，議生說，說生進，進生退，退生制。因以制於事，故百事一道而百度一數也。①

【註釋】

①百事：各種事。百度：各種法度，規則。度，節度，法度，規則。

【譯文】

新事物、新情況都是由舊事物的發展變化才產生出來的，為解決新情況、新問題才產生了謀略，有了謀略才產生出計劃考慮，實施計劃能產生言論，有了言論才產生遊說，有了遊說才能使事情朝解決的方向發展，另外還要想出退出的策略，考慮好了退出策略，就可以制訂針對事情的整個方案了。可見，任何事情、任何制度都是這樣產生的。

【智慧全解】

生活中，無論做什麼事情，都不要過於理想化，夢想著一步登天，當還沒邁出第一步的時候，不要幻想著最後的結果，否則美夢必將破滅，甚至失去往前邁進的機會。

有這樣一個小故事：一隻駱駝跟隨主人去旅行，一天一人一駝行

至野外天色已晚，主人就在野外支起一個小帳篷在裡面休息。

一會兒，駱駝把頭伸進來說：「親愛的主人，外面好冷，我可以把頭伸進來暖和一下嗎？」

主人想也不想就答應了

沒過多大一會兒，駱駝又說：「親愛的主人，我還是感覺有點冷，我把前腿也放進來吧！」

主人答：「可以。」說著向裡讓了讓。

不久，駱駝又說話了：「親愛的主人，我實在太冷了，你就讓我進來吧！」

不等主人回話，駱駝已經鑽進帳篷，把他的主人擠到帳篷外去了。

這就是人們常說的駱駝戰術。在求人辦事過程中，不要一開始就提太高的要求，而要看情況慢慢地來，一點一點地達到自己的目的。在制訂謀略時也要遵循這個原則，循序漸進，方可以成事。

生活中，很多人做事總想一口吃個胖子，夢想著在短時間內就把事情做到完美，一旦在短期內見不到工作的效率，就會心灰意冷，覺得工作沒意思，事情太難做，於是不斷地尋求新的工作，變換新的做事方法，到最後，只能像愚人挖井一樣，急於求成，而不能一門深入，最終前功盡棄。所以無論做什麼事情，無論是求人還是謀劃計策，都要循序漸進，切不可急於求成，衝動冒進。俗話說：「磨刀不

誤砍柴工」，準備好了再做的話成功的概率就會更大些。

一種新商品，如果它在市場上知名度並不高，消費者也很少，這時將它大批量投入市場，效果肯定不會好。這時就應該採取促銷的手段，循序漸進地達到目的。

太容易得到的東西往往也很容易失去，當今社會功利主義氾濫，很多人夢想著一夜暴富，殊不知，一夜暴富只是夢想而已，只有堅持循序漸進，才能獲得真正的成功。

【閱讀延伸】

後周時期，趙普等人謀劃著以亂生事，擁立趙匡胤為帝。趙普先是派人散布謠言，上奏朝廷說北漢和契丹會師南下，派兵進犯。

後周宰相范質、王溥等人倉促之間也不分情報是真是假，急匆匆就派趙匡胤領兵抵抗。趙匡胤大軍從大梁（今河南開封）出發，北上防禦。當大軍行至開封東北四十里的陳橋驛時，趙匡胤就命令大軍停止紮營，不走了。

當時，趙匡胤手下有一員名叫苗訓的人會觀天象。苗訓指點門官楚昭輔等人觀察天象，看見「日下復有一日，黑光摩盪者久之」，好像天上有兩個太陽正在搏鬥。古時候，人們認為太陽是皇帝的象徵，天上又出現一個太陽，就說明天下既將出現一個新的皇帝。謠言於是不脛而走。當晚五更，軍中將士們聚集在陳橋驛前，議論紛紛。趙匡胤於是派親信煽動將士們說：「現在皇帝年幼，不能親政，我們冒死為國家抵禦外敵，又有誰知道！不如先立將軍為天子，然後再北征也

不晚。」

這時，一直在幕後策劃的趙普、趙光義等人出來規勸將士不可這樣做。其實，他們表面上是在規勸，實際上是在激將，在煽風點火。他們不勸還好，這一勸把眾人的情緒都勸出來了，將士們個個激憤不已，一致要求擁立趙匡胤為帝。趙普等人見時機成熟，就派人連夜趕回通知大梁城內的守將石守信、王審琦等人，讓他們在京城領兵策應。

黎明時分，北征的將士們披甲執刃，團團圍住趙匡胤的軍帳。此時，趙匡胤正在幹什麼呢？他正悠閒地坐在營帳中飲酒呢！他佯裝對外面的事情一無所知，其實一切皆出於他的授意。趙普與趙光義進來稟告外面的情況，趙匡胤這才慢慢起身出來。

將士們一見便高呼：「諸軍無主，願奉將軍為天子！」

還沒等趙匡胤張口說話，有人就把象徵著皇權的黃袍裹在了他身上，眾人跪地，高呼萬歲。參加兵變的將士們不等他分辯，就簇擁他上馬。趙匡胤手攬轡繩對眾將士說：「我有號令，你們能聽從嗎？」眾將士紛紛表示願聽號令。趙匡胤接著說：「我一直對太后和皇上忠貞不貳，你們切不可冒犯他們，對諸位同僚大臣也不能侵凌，對朝廷中普通的百姓也不能強行掠奪。聽從我命令的重賞，違反命令的一律處置。」

眾將士聽到這些話，都下馬跪拜。於是，趙匡胤就整肅軍隊進入大梁。

趙匡胤進城後，命令將士們各歸營帳。片刻之後，手下將領簇擁著宰相范質等群臣前來。趙匡胤一見之下就痛哭流涕，對他們說道：「我違抗了上天的旨意，當了叛軍首領，都是諸位將士們下命令逼迫我的緣故，我不得不這樣做啊！」

還沒等范質等開口說話，一個名叫羅彥環的將領隨即手按利劍對范質等人厲聲怒喝：「我們諸位將士沒有首領，今天我們奉趙匡胤為天子。」

這一下，范質等人只能大眼瞪小眼，束手就範了。於是趙匡胤擇日登基，是為宋太祖。

在整個陳橋兵變、黃袍加身的過程中，趙普等人將每一個環節都安排得絲絲入扣、細緻入微，從散布北漢與契丹進犯的謠言，到觀天象、唆使將士擁立趙匡胤為帝，再到後來的裡應外合，甚至連加身黃袍和禪代詔書都已事先準備好。趙匡胤對將士們的約法三章，也是趙普等人謀劃兵變的既定策略，既有利於穩定局勢、鞏固統治，也有利於日後北宋的統一事業。可見，謀大事貴在一氣呵成，這就是鬼谷子所說的「變生事，事生謀，謀生計」，「循序漸進，以制於事」，事可成也。

仁人輕貨，可使出費

　　夫仁人輕貨，不可誘以利，可使出費；①勇士輕難，不可懼以患，可使據危；②智者達於數，明於理，不可欺以不誠，可示以道理，可使立功，是三才也。③

【註釋】

　　①輕貨：輕視財物。費：費用，錢財。②難：災難，禍事。患：禍患，憂患。危：危難、險要之地。③達：通達。數：道理。三才：三種類型的人才，這裡指上述仁人、勇士、智者。

【譯文】

　　仁人君子視財物如糞土，所以不可以用錢財去引誘他，但可以讓他捐出財貨，提供經費；勇士不畏懼禍難，所以不可以用災患去嚇唬他，但可以派他去危險的地方解除禍患；有智慧的人通達事理，明白道理，所以不可以用欺詐的手段去矇蔽他，但可以用道理說服他，使他立功。以上這三種人才要各得其用。

【智慧全解】

　　鬼谷子用「夫仁人輕貨，不可誘以利，可使出費；勇士輕難，不可懼以患，可使據危；智者達於數，明於理，不可欺以不誠，可示以道理」等來闡述用人的思想，他的觀點也正是中國人歷代重視的「量

才而用」的主張。

孔子曾說過，朽木不可雕也，糞土之牆不可圬也。朽木當然不可雕刻，垃圾砌成的牆無法粉刷，即使去雕刻、去粉刷，又有什麼用？但朽木不可雕刻，卻可以把它當柴燒；垃圾不可以砌牆，卻可以用它去肥田。物盡其用，便會各得其所。

清代詩人顧嗣協曾寫過這樣一首詩：「駿馬能歷險，犁田不如牛。堅車能載重，渡河不如舟。舍長以就短，智者難為謀。生材貴適用，慎勿多苛求。」世人都知道，歷險用馬，犁田用牛，「生材貴適用，慎勿多苛求」，好鋼要用在刀刃上，事物要放在恰當的位置上去使用，才能物盡其用。

《西鄰教子》說：「西鄰有五子，一子朴，一子敏，一子盲，一子傴，一子跛。乃使朴者農，敏者賈，盲者卜，傴者績，跛者紡。五子皆不患衣食。」西鄰一家實在很不幸，不僅孩子多，而且孩子都身有殘疾。但是西鄰夫妻二人很會撫育孩子，他們摒棄其所短，發揮其所長：質樸的人不投機取巧，可以踏踏實實地把田種好；跛腳之人更能坐得安穩，在織布紡線上花的時間與心思必然比一般人會更多。如此一來，西鄰夫婦讓五個孩子都可以自力更生，讓一家人的生計得以維持，不為衣食發愁。

世上沒有完全相同的兩片樹葉，也不存在相同的兩個人，人與人的天資不同，甚至會有很大的差異。一個人在某些領域中遊刃有餘，可能在另外一些領域中寸步難行。即使是聰明傑出的人才，也不可能在各個領域都表現得才華橫溢。正像切肉的刀不能用來劃玻璃，劃玻

璃的刀不能用來切肉一樣，各有所長，各有所短，不能相互取代。

每個人都有長處和短處，長處可以變為短處，短處也可以變為長處。用人的關鍵不在於用哪個人，而在於使每個人都能找到合適位置，發揮出最大的潛能。正所謂「用人所長，天下無不用之人；用人所短，天下無可用之人」。

身為管理者，要懂得用人道理，了解下屬的優缺點，做到用其所長，避其所短，把每個員工所擅長的方面有機地組織起來，讓每一個人都發揮出他的長處，就會產生整體效應，從而保證企業興旺發展，無往而不利！

【閱讀延伸】

《資治通鑑》記載，唐朝有個名叫韓滉的大臣，很善於知人、用人。韓滉歷任唐晉州刺史、浙江東西道觀察使、鎮海節度使、度支使、江淮轉運使等職，晚年官至宰相。他在指揮管轄浙江的時候，對所任用的部屬都使用得很恰當，分別按照每個人的特點、特長安排了最恰當的崗位。在韓滉的眼中，沒有廢材，人人都是可用之材。

有一次，一個老朋友帶著兒子來投靠韓滉，想讓其兒子在韓滉手下謀個一官半職。韓滉仔細詢問了老友的兒子，發現年輕人能力不足，更沒有任何專長。韓滉不想留用他，但礙於情面，便留兩人與其他幕僚賓客一起吃飯。

席間，韓滉發現這個年輕人端坐席間，從開筵到散席，從不左顧右盼，也沒有與坐在旁邊的人說一句話。

知子莫如父，老朋友當然清楚自己兒子的能力，當他看到韓滉一直在觀察自己的兒子時，相當尷尬，說：「我這兒子一向不善言談、不懂世故，真是太讓人發愁了。您要是覺得他沒有什麼可取之處，就直接說吧，就算你不用他，我也不會介意。」

讓他沒想到的是，韓滉微微一笑，說：「不，你錯了，你的兒子並非沒有可取之處，雖然他有很多不足，還是有一定長處的，難道你沒發現嗎？請你放心好了，我會留下他，並把他派到合適的地方去的！」

幾天後，韓滉讓年輕人擔任隨軍一職，專門負責監管物資倉庫大門。這個人上崗之後，終日正襟危坐，不離職守，嚴格把關，自此所有吏卒都不敢再隨便進出倉庫了，庫虧之事也極少發生。

韓滉老友的這個兒子如果放在普通人手下，人們一定會覺得一無是處，無可使用。但韓滉卻從年輕人在宴席間的表現中看到他的過人之處，於是任命他為隨軍，充分發揮了他剛直不阿、嚴守執法的長處。韓滉人盡其才的用人原則，對我們選才、用人，是一個很好的啟示。如果每一個管理者都可以這樣，天下就不會再有被棄之才和被廢之事。

因事而裁，此道術也

故愚者易蔽也，不肖者易懼也，貪者易誘也，是因事而裁之。故為強者，積於弱也；為直者，積於曲也；有餘者，積於不足也。此其道術行也。①

【註釋】

①此其道術行也：懂得上述計謀，就能通於道了。

【譯文】

所以，愚笨的人容易受到欺騙，不肖的人可以用恐嚇手段嚇唬他，貪婪的人容易受到引誘，應該因人因事而使用不同的裁處手段。所以，強大是從弱小逐漸積累起來的，平直是削去彎曲逐漸積累起來的，有餘是從不足逐漸積累起來的。明白了這些道理，道術就能夠實行了。

【智慧全解】

鬼谷子說：為強者，積於弱也；為直者，積於曲也；有餘者，積於不足也。所以，我們要因事而裁之，「此其道術行也」。任何成就都是日積月累而成，因此無論做什麼事情我們都要有恆心，堅持努力，腳踏實地，方可成就大業。

俗話說得好，「吃得苦中苦，方為人上人」「只要功夫深，鐵杵

磨成針」，從古到今，任何成就大業者都是有恆心之人。試想，如果劉備沒有恆心，臥龍先生只怕會一輩子安臥山中，哪裡還會助他成就蜀國，幫他譜寫三國鼎立的篇章呢？試想如果愛迪生沒有恆心，豈會為了尋找燈泡內的耐熱材料，花費整整二十年的時間，先後試用了大約六千種纖維材料，最後才找到鎢絲，我們所用的燈泡將會推遲多久才會出現？

馬克思說：在科學的征途上，沒有什麼捷徑可走，只有沿著崎嶇道路不停攀登的人，才有希望達到光輝的頂點。這一至理名言也充分證明，無論學習還是做事，都貴在有恆，三天打魚兩天曬網是成不了任何事情的。在順境中持之以恆，難能可貴。在逆境中持之以恆，則難上加難。

明代學者胡居仁曾寫過這樣一副對聯：「苟有恆，何必三更眠五更起；最無益，只怕一日曝十日寒。」恆心就是孜孜以求，堅韌不拔，永不言棄，如此才能奮發有為。反之，如果一個人沒有恆心，做一件事情，就可能事與願違；做一項工作，就可能半途而廢；做一番事業，就可能前功盡棄，遺憾終身。

恆心雖然是持之以恆的毅力，但並不是「守株待兔」的愚昧；恆心雖是不為外物所擾的決心，但不是「南轅北轍」的固執。恆心的前提是一定要找準前進的方向，然後朝著心中的方向奮勇向前，永不懈怠。

【閱讀延伸】

春秋時期，吳國與越國你來我往，戰事不斷。一次，兩國又展開

了一場激戰。吳王闔閭戰敗，還中箭受了重傷，性命岌岌可危。闔閭臨終前，把兒子夫差叫到床前，叮囑道：「不要忘記報越國之仇。」

夫差記下了父親的遺言，即位後，命令宮廷衛士每天早晨敲響鬧鐘，並喊道：「夫差！你忘了越王殺你父親的仇嗎？你可知道國恥嗎？」每次夫差都眼含淚水，沉痛地回答：「不，不敢忘。」夫差潛心備戰了三年，而後便率吳國大軍攻向越國，展開了復仇大戰。這一次，夫差打得越國大軍幾乎全軍覆沒，越王勾踐逃到會稽山，後聽從范蠡的建議向吳國屈辱求和。

夫差看著亡國之君，提出了狠毒的條件和要求，要求勾踐帶著夫人和大臣范蠡去吳國服三年苦役。為報仇雪恨，更為東山再起，復興越國，勾踐三人受盡嘲笑和羞辱，忍耐著精神和肉體上的百般折磨，給闔閭看墳、給夫差餵馬、給夫差脫鞋更衣、服侍夫差上廁所，勾踐甚至「入宮問疾，嘗吳王糞以診病情」。夫差見之大喜，認為勾踐是真心順服了他，於是在勾踐苦役期滿之時，便放他回到了越國。

回國後，勾踐立志報仇雪恥。為了不讓自己的志氣在安逸的生活中消磨殆盡，他每天穿著粗布衣裳，睡在柴草之上，而且每頓都吃糲食，吃飯前還必先嘗一嘗苦膽，問自己：「你忘了會稽的恥辱嗎？」這就是史上有名並代代相傳的「臥薪嘗膽」的故事。

為了使越國富強起來，勾踐跟百姓一起耕田播種，叫他的夫人帶領婦女養蠶織布，發展生產。他叫文種管理國家大事，叫范蠡訓練兵馬，自己虛心聽從別人的意見，勵精圖治，富國強兵，激發了全國上下官民的齊心。

富國強兵的同時，勾踐還把一批美女和珍寶送給了夫差，以迷惑夫差。夫差更加覺得越國已經對自己俯首稱臣，不足為患了，心一放鬆就逐漸開始沉迷於西施的美色，過起了驕奢淫逸的生活，昏庸起來，不僅不顧人民的困苦，還聽信讒言殺了忠臣伍子胥。

轉眼過去了十年，越國也進行了十年的艱苦奮鬥，逐漸變得兵精糧足，轉弱為強。勾踐見時機成熟，便親自帶領大軍伐吳，一舉滅掉了吳國。至此，夫差才後悔聽信讒言，放虎歸山，誅害良臣，後悔莫及，就拔劍自殺了。

越王勾踐臥薪嘗膽的典故可謂是古人所說的「古之成大事者，必有大恆心者也」的有力例證。試想，如果勾踐不去忍受各種屈辱，不堅持勵精圖治、奮發圖強，他還能滅掉吳國報仇雪恥嗎？恐怕戰國時期的歷史就要重寫了吧！

因其疑之，因其見之

故外親而內疏者，說內；內親而外疏者，說外。故因其疑以變之，因其見以然之，因其說以要之，因其勢以成之，因其惡以權之，因其患以斥之。①

【註釋】

①要：應和。惡：厭惡。權：謀劃。斥：除，除去，捨棄。

【譯文】

因此，對那些表面上與我們親近而內心疏遠的人，我們應當從對方的內心著手去遊說；對那些從內心就願意與我們親近而外表上卻沒有表現出來的人，我們應當從外表著手去遊說，促使他表現出來。所以，對方有所懷疑，我們應當順著他的懷疑而改變策略，讓他不再懷疑；如果對方看到了，我們應當順著對方看到的東西去肯定他；如果對方發言了，我們應當順著對方的觀點去應和他；如果對方已經形成一種有利的態勢了，我們應當順著對方的形勢去成全他；順著對方的好惡為他謀劃應對的措施，順著對方遭遇的禍患想辦法為他解除。

【智慧全解】

生活中，當我們初次與人交談，或者對方懷疑我們對他有所企圖的時候，他就會不由自主地對我們產生戒備之心，這是人類自我保護

的一種本能。因此，鬼谷子說：「因其疑以變之，因其見以然之，因其說以要之，因其勢以成之，因其惡以權之，因其患以斥之。」順著對方的情緒，用誠意去化解他的敵意，這樣才能使彼此之間的溝通順暢。

如果我們忽視對方的戒心，在對方還沒有接受我們的時候，就拚命堅持自己的想法，那樣只會讓對方對我們更加戒備，不但無法達到我們的目的，而且還可能導致無法挽回的失敗。

所以，在與人打交道時，我們要想方設法消除對方的戒心。要做到這一點，我們就要學會認識對方，學會從對方的聲音面容中來分析他的性格特點，從對方的為人處世上來分析他的品性，了解這個人的城府是深還是淺。然而針對不同的情況、對方不同的情緒採取不同的應對策略。比如，肯定對方的想法，多給對方一些讚美，滿足他的自豪感、成就感、榮譽感；若對方為人父母，不妨和他多談一些小孩教育的話題；若對方年老體衰，則要適當談談健康保健之類，讓對方感到你的關切之情。

如此這般與對方交流，對方就有可能消除心理防線，對你打開心扉，進而對你產生好感。那麼再進一步的深談、說服也就變得容易多了。

【閱讀延伸】

歷史上，宋金連年征戰，宋高宗任用奸相秦檜，在江南偏安，不願與金人交戰，準備向金人割地稱臣，簽訂和約。

其實，當時宋軍的抗金熱情正高，抗金形勢一片大好，取得了很多勝利，眾大臣都在興奮地等待著收復中原的喜訊傳來。

而正在這個時候，宋高宗卻召集群臣來商議求和之事。宋高宗對眾大臣說：「金人已經答應，假如我們不再襲擊金國的軍隊，就跟我們簽訂和約，並將皇太后和先帝的棺木送回。」（在西元1126年「靖康之變」中，宋欽宗、宋徽宗兩位皇帝及其后妃被金人俘虜）在抗金形勢不錯的時候提出求和，這讓眾大臣情何以堪？宋高宗的話音一落，眾大臣便激憤起來，張俊先後五次上書，反對議和。韓世忠、岳飛等將領也不願休兵停戰，並上奏說：「金人不可信，和好不可恃。」還有大臣上書說：「現在大臣們群情激憤，全都是因為關心『和』與『戰』的事情，陛下應該戒除前車之鑒，多多聽取懂得軍事的大臣的意見，一起商議一個能長久安邦的計策。」

宋高宗見大臣們竟然不聽自己的意見，而且還敢上奏抗旨，憤怒至極，就想下旨懲治這些不識時務的臣子們。當時左相趙鼎也是主戰派之一，但是他看到宋高宗已經打定了議和的主意，便決定採取疏通的辦法，以保存朝廷中主戰派的實力。趙鼎這樣對宋高宗說：「皇上與金人有不共戴天之仇，這是大家都知道的。現在之所以要求和也是迫不得已而為之，是為了對親人盡孝道。儘管大家都說了一些憤怒不滿的話，但他們絕對不是不尊敬皇上，更不是忤逆皇上，他們是在愛護皇上，希望皇上不要見怪。皇上可以下一道聖諭，說明議和不是皇上的本意，只是出於親人的原因不得不這樣做。等到先帝的棺木自金國返回之後，假如金人撕毀和約，那麼現在是不是簽訂和約都無所謂；假如金人遵守和約，那正是我們所希望的，也就不必恐慌懊悔

了。」

　　宋高宗聽趙鼎說得有些道理，就採納了他的建議，不再因議和而排斥那些主戰派大臣，而且他還以索要先帝棺木作為幌子，眾大臣也就無話可講了。因為當時的人們都奉行孝道，見皇帝也是出於這個原則，無奈之下才求和的，大臣們還能說什麼呢？就這樣，君臣之間眼看要發生的矛盾暫時緩和下來。

　　為了避免宋高宗與主戰大臣之間的衝突，宰相趙鼎採取了委曲求全的策略，以此來消除宋高宗的戒心，使皇上找不到藉口治罪大臣，也使大臣提不出更多的理由去責怪皇上。從他那一番話中可以看出趙鼎實在是用心良苦啊！

符而應之，亂而惑之

摩而恐之，高而動之，微而正之，符而應之，擁而塞之，亂而惑之，是謂計謀。①

【註釋】

①恐：恫嚇。微：微暗。擁：壅閉，堵塞。惑：迷惑。

【譯文】

運用摩術使對方覺得害怕；不斷地抬高他，他的地位高了，就會不穩，如此一來，他就處於一種晃動的不安之中；讓對方衰敗，然後我們去糾正他，這樣對方就會認為我們真誠可靠；為對方設計一個祥和安定的徵兆，然後經過行動使之應驗，這樣對方就會自信起來；堵塞、矇蔽對方，使其處於迷惑混亂之中；使對方分不清是非曲直，然後為我所用。這就是所說的計謀。

【智慧全解】

鬼谷子所說的計謀就是「摩而恐之，高而動之，微而證之，符而應之，擁而塞之，亂而惑之」。也就是說要以各種變化的假象掩蓋真相，製造煙幕，迷惑敵人，從而牢牢地把握住主動權。此計謀可謂是聲東擊西、出其不意，能收到出奇制勝的效果。

聲東擊西，是指目標在西而先假意向東，然後出其不意地給對手

一擊。這種計謀實際上是一種含蓄迂迴的遊說技巧。「聲東」就是製造聲勢，同時也帶有偽裝的色彩，其目的是為了後面更好地說服。而聲勢越大，偽裝得越像，就為自己提供了越好的說服環境。「擊西」是說服的真實目的，這一步最好在前面「聲東」中就能表達進去，即把它融進去而又不被對方發現。聲東擊西法包含很多內容：欲東而西，欲是而非；明說張三，實指李四；明裡問罪，暗中擺功；敲山震虎，指桑罵槐，含沙射影；等等。在各種談判中，這種聲東擊西法的談話技巧都可以巧妙地加以運用，以產生強而有力的效果，爭取談判的成功。

這種智謀之所以能夠行之有效，是因為人們在判斷事物時會有先入為主的判斷，並在以後的思路中保持這種判斷，就算在認識的過程中有些懷疑，人們也會不由自主地忽略不計。

遊說他人，其實就是與人鬥智力，鬥謀略。如果我們能很好地避開對方的注意力，分散其力量，鬆懈其鬥志，然後出其不意、攻其不備，肯定能打他個措手不及。此方法用在批評他人中也是一個不錯的技巧。很多人在批評別人的錯誤時，通常會不經意間觸動對方的自尊，這樣一來，你的言辭即使全都出於善意，也等於是火上澆油。但是，如果我們能用聲東擊西的表達方式，結果就大不一樣了。

這種計謀比較適合在我方不便正面進攻，但又另有可行之路的情況下使用。「摩而恐之，高而動之，微而證之，符而應之，擁而塞之」，等到對方「亂而惑之」後，察覺到你的真實行動時，對方一定會方寸大亂，這個時候恰恰是我們取得成功的最佳時機。

【閱讀延伸】

東漢時期，北方匈奴經常侵擾漢人北境。一次，匈奴又舉兵進攻東漢，將雲中城（今內蒙古托克托一帶）緊緊包圍起來。雲中太守廉范奉命抵抗。一圍一守，兩軍陷入對峙局面。然而，長時間的對峙使漢兵漸漸吃不消了，漢軍日漸疲憊，形勢十分危急。

有一天深夜，雲中城門口幾個哨兵舉著火把來回巡邏；室內廉范則翻看著一本已經破舊不堪的兵書，緊鎖眉頭，苦思破敵之策。

「廉大人，我軍糧草快要用完了，再這樣堅守下去，將士們不戰死也會餓死。乾脆我們強行突圍出去吧！」這時，一位屬下小將提出突圍建議。

廉范聽後，搖了搖頭，說：「不可，現在敵強我弱，敵眾我寡，如果強行突圍，我軍很可能全軍覆沒，而且還會連累全城的百姓受苦受難。」

又一員大將站起來說：「那我們向四周友鄰求救吧！」

廉范仍然搖頭否決，說：「匈奴這次是大舉進攻，如果友鄰只顧自己不願伸出援手，或者友鄰的確分不出兵力，那麼，貿然前往求援，就會使我們的實力暴露給敵人。」

諸將的建議都被否決，誰也想不出更好的計策了，室內一片沉默。

廉范的眉頭越皺越緊，突然，他兩眼一亮，大叫：「有了！有辦法了，我們用假象欺騙敵人，就可以將主動權歸為己有了。」

「用假象欺騙敵人？」眾部將們疑惑地問。

廉范走到一個部將跟前，俯到耳邊如此這般說了一通，只見該部將頻頻點頭，並很快站起來執行廉太守的計謀去了。

不久，巡邏哨兵手裡的火把都變成了十字形，只見他們用手握住一頭，其餘三頭都點著火。再過了一會兒，軍營中所有的兵士都舉著這樣的火炬出來了，他們在軍營裡分散站開。頓時，一個人好像「變」成了三個人。漢軍兵士的數量好像瞬間變成了三倍之多。

漢軍的情況很快傳到匈奴軍營之中，匈奴軍營中一時間議論紛紛：「廉范的軍營裡怎麼到處都是舉著火炬的士兵，難道是漢軍的增援部隊已經到了？」

匈奴主帥收到消息後趕緊跑到軍營前觀看，很快他便判斷，漢軍要發動攻擊了，於是趕緊率領部隊收起帳篷，向北撤退。

這時，廉范馬上命令士兵們緊擂戰鼓，追趕匈奴軍，一時間喊殺聲震天，一人衝鋒，殺敵數百。匈奴兵著急著逃跑，被迫回頭應戰，自然力不從心，就這樣，漢軍大敗匈奴，輕鬆解了被困之危。

聰明的廉范深諳「符而應之，亂而惑之」的智慧，通過火照影子的方法，迷惑了敵將，使其認為漢朝援軍已經抵達軍營，正準備發動攻擊，只好選擇逃命。漢軍雖然處於寡不敵眾的弱勢，此時卻因此計瞬間掌握住了戰場主動權。廉范讓人影成為嚇唬對方的有力武器，甚至連自己的部將都無法弄明白其中的奧秘，從而獲得了出其不意、攻其不備的功效。

正不如奇，奇流不止

計謀之用，公不如私，私不如結，結而無隙者也。正不如奇，奇流而不止①者也。故說人主者，必與之言奇；說人臣者，必與之言私。②

【註釋】

①奇流而不止：奇計使用的效果，就好比流水一樣，難以被阻止。②言奇：討論治國奇計。言私：討論切身利益。

【譯文】

運用計謀時，公開謀劃不如在私室裡謀劃，在私室中謀劃不如當事人雙方共同密謀，結成穩固的聯盟，這樣雙方就可以締結同心，計謀就可以密而不漏，別人也就無機可乘了。使用計謀，遵守常規不如運用奇計，奇計的使用就像流淌的水一樣令人難以阻擋。因此，遊說君主時，要與他說奇計，才能引起他的重視；遊說大臣時，要與他說私人利益關係，這樣計謀才能實施。

【智慧全解】

在這裡，鬼谷子提出了關於遊說的又一個計謀，即「正不如奇」，意思是說使用計謀，遵守常規不如運用奇計。

心理學研究表明，人人都有獵奇之心，有人曾說：「探索與好

奇，似乎是一般人的天性，神祕奧妙的事物往往是大家所熟悉關心的注目對象。」人際交往中，很多人覺得與人溝通太難，尤其是面對一個態度冷漠的交談對象時。冷漠之人往往給人以拒人於千里之外的感覺，讓你覺得進言無望，無計可施。其實，沒有人生來是冷漠的，對方之所以對你冷淡，除了性格因素外，另一個重要原因就是你提出的建議或所說的話語無法引起他的興趣。他對話題不感興趣，當然會冷漠以對了。

那麼，遇到這種情況，我們應該採用什麼措施使交談氣氛活躍起來呢？很簡單，用鬼谷子的「與之言奇」，恰當地製造懸念，以奇制勝。人人都有好奇之心，往往希望探尋那些新鮮的事物或是自己不太理解的東西的奧秘。在人際交往中，如果我們能激發對方的好奇心，那麼就能夠吸引別人主動靠近我們，引導他們對我們做出一些探索行為。

與人交往，不管出於何種目的，也不管接觸的是什麼人，我們都可以利用人們的「獵奇心理」，滿足對方的好奇心，使他對你所要提供的建議或意見產生興趣，那麼雙方溝通就會順暢不少，你的說服也就可以出奇制勝，收到奇效。

不管在什麼時候，人們都希望自己的好奇心能夠得到滿足，所以往往會關注那些新鮮的和自己不熟悉的事物，這是人的一個共同心理。所以，我們要適時地出以奇言，當別人表現出對我們的興趣時，就能有效地消除雙方陌生的心理障礙，能夠迅速地拉近心理距離，從而輕鬆地獲得對方的認同。

無論是與人談判還是與人溝通，我們都可以運用一些與眾不同的、新鮮的談話內容，激發對方強烈的好奇心，從而為一場愉快而高效的交談做好鋪墊工作。

出以奇計，製造懸念，勾起對方的興趣不是危言聳聽，不是誇大其詞，而是作為一種技巧、手段，變換了說話方式，特別適合運用於對談話對像已經做出的決策提出相反建議之時。切記要避開對方的忌諱之事。

【閱讀延伸】

戰國時期，韓國與楚國交兵，其雍氏城遭到楚國攻擊。韓國士兵缺衣少食，形勢危急，於是韓國便派使者前往西周求助。韓國使者見到西周君王后，直截了當地說：「楚、韓兩國正在交戰，現在韓軍急需衣甲和糧食，所以我們大王派我前來向主公求助，望主公能夠助韓一臂之力。」

西周君王一聽，眉頭頓時皺了起來，若不答應韓國的請求，恐怕韓國會翻臉，轉而進攻西周城池；如果答應了，西周國小民弱，哪裡有多餘的糧食和衣甲啊？西周君王進退兩難。

這時，蘇代上前進言道：「主公，我有辦法讓韓國收回請求，而且還能讓韓國將高都城讓給主公。」正在發愁的西周君王一聽頓時大喜，能解除他眼前的困境已經不錯，何況還附加上一個高都城呢，讓他如何能不心花怒放？西周君王急問：「先生有何良策？快快說給寡人聽聽。如果真能做到你所說的，寡人將舉國聽從你的調遣。」君臣

如此這般商議一番後，西周君王馬上派人用車馬送蘇代趕往韓國。

蘇代到達韓國後，首先拜見了韓國相國公仲朋，他對公仲朋說：「楚國君臣所想，相國莫非不清楚？當初，楚將昭應出兵時曾向楚王保證：『韓國的軍隊已經相當疲憊，無法應戰了，糧庫也空空如也，我們可以乘機攻打韓國的雍氏城，這樣不足一月，就可攻下。』可是現在呢？昭應圍攻雍氏城已經五個月了，還是沒能攻下來。現在楚軍已經疲憊不堪，楚王也已不再信任昭應了。在這個時候，相國去向西周求援，這不是把韓軍的困境暴露給楚軍嗎？這個消息一旦傳入楚軍大營，昭應一定會向楚王要求援兵，他們的援兵一到，雍氏城不保矣！」

公仲朋覺得蘇代言之有理，忙問：「依先生之見，韓國應該怎麼解圍呢？而且我的使者已經派出去了啊！」

蘇代說：「我有一個辦法可以解決眼前的問題，請韓國把高都城送給西周。」

公仲朋聽了這話，頓時勃然大怒：「我不向西周索要衣甲、糧食，就已經不錯了，為什麼還要送一座城池過去？」

見公仲朋生氣，蘇代也不著急，依然不慌不忙地說：「這有什麼不可以的？把高都城送給西周，西周就會脫離秦國而歸附韓國，用一座城池得到一個國家，何樂而不為呢？」公仲朋聽到這裡，馬上轉怒為喜：「先生說得對啊！」於是即刻召回使者，並將高都城送給了西周。楚王見昭應圍著雍氏城久攻不下，一生氣便下令撤兵了。

鬼谷子深諳「奇」之道，所以說：「計謀之用，公不如私，私不如結，結而無隙者也。正不如奇，奇流而不止者也。」常規的辦法往往無法見奇效，只有出其不意的奇招才能取得無往而不利的效果。於是建議「說人主者，必與之言奇；說人臣者，必與之言私」。蘇代正是運用此計，很好地勾起了公仲朋的興趣，使其召回使者，並把高都城送與西周。蘇代三言兩語就解了西周君王的憂愁，還讓西周得到了一座城池。

人之不欲，勿強於人

　　其身內其言外者疏，其身外其言深者危。無以人之所不欲而強之於人，無以人之所不知而教之於人。人之有好也，學而順之；人之有惡也，避而諱之。故陰道而陽取之。^①

【註釋】

　　①陰道而陽取之：意思是在隱秘中行事，在公開場合收穫。

【譯文】

　　如果你處於某個圈子中，對方已經不把你當外人，而你所說的都是圈子外的事情，那麼對方就會疏遠你；如果你處於某個圈子外，卻擅自說人家圈子內的事情，那麼，你就會有危險。不要把別人不想做的事、不想解決的問題強加到他頭上，不要強迫對方接受他無法理解的道理。對方有什麼嗜好，要學著順從他；對方有什麼厭惡，要學著避免或是幫他隱諱。所以，無論做什麼事情，都是在暗地裡使用這些方法，而獲得的好處卻是很明顯的。

【智慧全解】

　　鬼谷子在此所強調的主要觀點就是「人之不欲，勿強於人」。意思是說，不要把別人不想做的事，不想解決的問題強加到對方的頭上，不要強迫對方接受其難以理解的道理。

與人謀事過程中，假如對方的某個慾望特別強烈，我們卻去給他潑冷水，或者是逼迫著對方放棄這種強烈的慾望，抑或者阻止對方去實現它，那麼，你一定會遭到對方的厭惡與憎恨，放在古代這樣做，往往會帶來殺身之禍。

　　鬼谷子的「人所不欲，勿強於人」與孔子的「己所不欲，勿施於人」的思想是相似的，強調的都是要尊重對方的意願，不可強迫對方做他不願意去做的事情。只不過，孔子的思想是從自我意識出發的，以自我的感受為判斷標準，自己不希望他人對待自己的言行，自己也不要強加於他人；自己不願意做的事情，不要要求別人去做；自己不想要的東西，不要強加給他人。鬼谷子的「人之不欲，勿強於人」完全是從他人的角度出發，尊重他人真實意願和想法，絲毫不強人所難。一件事在施加於別人之前，首先考慮的不是自己喜歡不喜歡、願意不願意，而是考慮對方喜歡不喜歡、願意不願意。這種觀點符合以人為本的思想。

　　人與人的思想是截然不同的，即使是長期相伴相守的兩個人，想法、觀點也不會完全相同，你所想要的結果，並不一定是他人想要的結果，你又為何非要別人按照你的想法去做呢？而且，大多數人，多多少少都有些叛逆思想。有些時候，就算是最親密的人強迫自己去做不喜歡做的事情，也會心生反抗之意，即使表面上表現得很恭順，心裡也已經產生厭倦之意，在不經意間就會做出一些表示自己不情願的行為來。因此，我們無論做什麼事情，都不要勉強別人去做不願意做的事情。用在遊說過程中，就是要順著對方的嗜好，避開對方的憎惡，親不言疏，疏不言親，勿逆人之所欲，勿言其所不懂，只有懂得

這些交流秘訣，你的遊說才能收到良好效果。

【閱讀延伸】

曹操手下有一名相當聰慧的謀士，名叫荀彧。此人能謀善為，機智過人，是曹操統一北方的首席謀臣和功臣，被人譽為「王佐之才」。

曹操統一北方後，勢力逐漸強大，孫權為表明自己順從之心，便上表勸曹操稱帝。曹操笑了笑，說：「孫權這是想把我放到火爐上烤啊！」

難道曹操沒生稱帝之心嗎？非也。他之所以推辭不受，是因為稱帝的條件還不成熟。曹操是何等聰明之人，條件沒有滿足，他是絕對不會稱帝的。

曹操晚年時，仍然有不少大臣勸曹操加九錫之禮，這可是天子之禮儀，勸他晉爵為魏公。當時曹操勢力蹈天，天下已沒他的對手了，於是他也動了心，打算加九錫之禮，以彰顯自己的豐功偉績，這樣也可以達到他漸進稱帝的目的。

然而，正當曹操興致勃勃著手準備之時，他最為倚重的謀臣荀彧卻站了出來，出言反對。他說：「丞相興義兵翦除亂賊，匡扶朝政，穩定社稷，秉忠貞之誠，寧退讓之實；君子愛人以德，不宜如此。」

曹操聞言，勃然變色，心裡頓生厭惡之意。只因為荀彧德高望重，影響甚大，曹操當時也沒把他怎麼樣，不過，事後沒多久，曹操

就以虛銜派荀彧去了外地。荀彧空有一身才華，一下子沒了用武之地，又憂愁又鬱悶，沒過多久，就憂鬱而死了。荀彧去世的第二年，曹操就得償所願地成為魏公。

以荀彧的智慧，難道猜不透曹操的慾望嗎？非也，只因為荀彧的理想是恢復東漢的秩序，這與曹操要建立一個新秩序的理想相異。他在曹操慾望正強之時出言反對曹操成為魏公，強迫其不去實現自己的慾望，曹操哪裡會舒服呢？曹操當時雖然暫時讓了步，但君臣之間的關係已然惡化。荀彧強人所難，反倒令自己飲恨而終。

不美不惡，至情托焉

故去之者縱之，縱之者乘之。^①貌者，不美^②又不惡，故至情托焉。

【註釋】

①去之：使之去，讓他離開。乘：利用，駕馭，制伏。②美：讚美。

【譯文】

假如想排擠某個人，就先縱容他，等他作惡到一定階段，就可以抓住機會順理成章地除掉他。在外表上，要做到喜怒不形於色，這樣的人可以寄託實情。

【智慧全解】

鬼谷子說：「貌者，不美又不惡，故至情托焉。」意在告誡我們，在與人交往過程中，要善於控制自己的情緒，喜怒不形於色，對方才摸不透我們的底細，我們才能更好地控制局面，以達到目的。

情緒是人對一系列主觀認知經驗的通稱。人類最普遍的情緒有喜、怒、哀、驚、恐、愛等。人是一種比較情緒化的生物，事情辦得順利，人的情緒就會好，看花花好，看天天藍，看人人精神十足；如果事情辦事不好或是不順利，障礙重重，人的情緒就會差，看什麼都

礙眼，看什麼都不順。

現實生活中有些人很善於控制自己的情緒，能夠做到喜怒不形於色，讓人琢磨不透他的心理；有些人就差些，往往受情緒的支配，使自己淪為情緒的奴隸，在情緒激動之時，再也無法冷靜、清晰、積極地去思維，這樣一來，就很容易做出讓人遺憾的事情來。古今中外，因情緒波動導致事情失敗的事例比比皆是，如歷史上曾以「喜怒不形於色」著稱的劉備，因關羽之死，魯莽出師東吳，卻喪兵失地白帝城託孤；吳三桂「衝冠一怒為紅顏」，一怒之下引清軍入關，毀了明王朝幾百年的基業。

日常生活中，如果處處受情緒支配，無法冷靜思考，我們就很難順利地辦成事情，甚至會失去朋友、親人，或失去上司的信任和重用，失去同事或下屬的支持與擁護。嚴重的有可能使他人或自己的身心健康受到損害。所以，當情緒來襲時，我們要懂得克制、阻止，拋開喜怒、哀樂、貪婪、嫉妒、憎恨等不良情緒，這樣，我們才能做生活的主人，主宰自己的命運。

那麼，如何才能控制好自己的情緒呢？成功學大師奧格·曼狄諾為我們提供了一個良策：「沮喪時，我引吭高歌。悲傷時，我開懷大笑。病痛時，我加倍工作。自卑時，我換上新裝。不安時，我提高嗓音。總之，今天我要學會控制情緒。我成為自己的主人。我由此而變得偉大。」

一個心理成熟的人，能夠在情緒波動的時候給予及時的調節與控制；一個聰明之人，善於將情緒引入正確的表現渠道，用理智控制自

己的情緒，使自己始終能夠理智地分析、判斷事物。「貌者，不美又不惡，故至情托焉。」學會控制自己的情緒吧，善於控制自己情緒的人才能成就大事。

【閱讀延伸】

西漢時期，漢武帝劉徹手下有一名勇士名叫灌夫。此人不僅勇武，而且為人剛直不阿，性格直爽，不倚附權貴，更不喜歡向權貴諂媚討好。魏其侯竇嬰對灌夫極為器重。

有一次，大漢王朝派兵攻打匈奴，並命宰相田蚡為主帥。然而臨上戰場，主帥田蚡卻膽怯了，竟然裝病不願出戰。大軍無帥必然會失利，這場戰役讓漢軍白白葬送了五六萬人馬。而作為罪魁禍首的田蚡又怎樣呢？他竟然讓代將王恢和韓安國替自己頂了罪。因為此事，灌夫對田蚡既恨又怨又討厭。

後來，田蚡要迎娶燕王的女兒為夫人，故設宴招待列侯及宗室。灌夫也在邀請名單中。婚宴之上，朝野重臣名士雲集，田蚡歡天喜地地站在大門口迎接客人。

灌夫和竇嬰一起前來參加宴會，田蚡見了，恭敬地對竇嬰說：「竇大人，老侯爺，您能來參加我的婚宴，真是我莫大的榮幸啊。」始終沒對灌夫說一句話，這讓灌夫更加生氣，他鼻子一哼，走了進去，也沒有理睬田蚡。

宴席間，田蚡站在正席之中，對眾人說：「諸位大人！田某不才，蒙皇上厚愛和在座的大人們捧場，心中十分高興。田蚡一杯薄

酒，不成敬意，請諸位先飲此杯，然後各自開懷，一醉方休！」

各位大臣都端起酒杯，站起身附和道：「好，好，不醉不歸！」而灌夫看著田蚡那得意的樣子，又想到他的所作所為，再看看四周眾人一臉諂媚的態度，心裡更是冒火，他沒有隨大夥起身祝賀，而是一個人坐在那裡喝起了悶酒。他越喝越多，慢慢地有了醉意，開始斜著眼看人了。

這時張湯站了起來，灌夫以為他要來給自己敬酒，連忙起身相迎，誰知，張湯看也不看他就揚長而去，灌夫心裡那個氣啊，於是就隨口說了一句：「小人得志！」

當時，張湯可是田蚡身邊的大紅人，如此詆毀怎麼可以？於是旁邊的人便勸灌夫：「灌大人，可不能這樣說啊！」此時的灌夫卻完全沒意識到危險已近，不僅沒收斂自己的情緒，反而把酒杯一扔，怒氣衝衝地說道：「呸，什麼東西，狗仗狼勢。爺爺我當年風光的時候，他還不知在哪裡呢？」旁人趕緊低聲制止：「侯爺，你小點聲吧，這可是丞相家啊！」

本就心中有火，現又略有醉意的灌夫哪裡還控制得了自己的情緒啊，他不僅沒聽勸，反而撒起酒瘋來，大聲叫了起來：「什麼？丞相又怎麼了，有什麼了不起，別拿他來嚇唬我！自己嚷嚷要打仗，仗打起來了又不上戰場，還讓別人替自己收拾爛攤子的人，就是孬種！」

灌夫的聲音很大，整個宴席上的人都聽到了，頓時全場人都瞪大了眼睛。竇嬰趕緊走過去，向田蚡賠禮道：「丞相息怒，他喝醉了，讓他回家吧。」

灌夫絲毫不領情，繼續大叫：「我沒醉！仗打起來了，主帥不上戰場，五六萬將士性命沒了，還賀什麼喜，賀他臨陣脫逃，白白送了五萬人馬？」說完，他手一抬，將酒案掀翻。

這一下，田蚡算是丟盡了臉面，直氣得渾身發抖，不顧竇嬰和眾人的阻攔，命人將灌夫抓進了牢裡，並以越禮放誕、目無朝丞、借酒發瘋、心懷叵測為名處死了灌夫。

灌夫勇武正直，看不慣田蚡的膽小怕事，看不慣眾人的趨炎附勢，這是他的優點，但他卻不知道控制自己的情緒，心中有氣、悲痛，就不管不顧地藉著酒勢撒了出來，他一吐為快，出了一通惡氣，卻讓自己丟了性命。這是不是太不划算了呢？假如讓灌夫自己來選擇，他肯定寧願戰死沙場，也不願這樣窩囊地死於小人之手吧！灌夫之死真是可悲又可嘆，他這樣的人，或許就是鬼谷子所說的不能寄託實情的人吧！

事貴制人，勿制於人

可知者，可用也；不可知者，謀者所不用也。故曰事貴制人①，而不貴見制於人。制人者，握權②也；見制於人者，制命③也。

【註釋】

①制人：控制別人。②握權：掌握了權變的主動權。③制命：被他人控制了命運。

【譯文】

在用人上，那些徹底了解的人才能使用；假如你還不夠了解他，謀劃策略時就不要用他。所以，做事情貴在控制別人，而不是被別人控制。制住別人，你就掌握了權變的主動權；被別人控制，你的命運就掌握在別人手中了。

【智慧全解】

在此，鬼谷子強調，無論做人還是做事，都要先分清誰是我們的敵人，誰是我們的朋友；哪些人可用，哪些人不可用。鬼谷子指出：「可知者，可用也；不可知者，謀者所不用也。」只有明確了這個問題，我們才能掌握住辦事的主動權，以免受制於人。

世上沒有永久的敵人，也沒有永久的朋友，只有永久的利益。出

於利益關係，兩個相互仇恨、相看兩生厭的人也可以成為朋友；出於利益關係，兩個熟悉的、相互引為知己的人也可能成為敵人。無論什麼時候，利益都是決定敵友的標準。一些人覺得這個標準或許很無情，很功利，但這就是現實。試想，假如分不清何人為敵，何人為友，做事時你就可能把敵人當成朋友，那樣的話事情還能做成嗎？你也許會把朋友當成敵人，那樣的話，你的朋友就會疏遠你，朋友會越來越少，到最後你必然會一敗塗地。

有這樣一則寓言：話說冬天要來了，小鳥們都往南方飛去。其中一隻小鳥在飛行過程中，由於天氣太冷被凍僵了，從天上掉了下來，一下子落在了一片農田裡。正當它躺在田裡瑟瑟發抖時，一頭母牛由此經過，還拉了一泡屎在小鳥的身上。凍僵的小鳥躺在冒著熱氣的牛糞堆裡，沒多大一會兒就緩過勁來。小鳥開心極了，忍不住唱起了歌。這時又過來了一隻貓，聽到小鳥的歌聲，就走過來一探究竟。小貓很快看到了躲在牛糞裡的小鳥，於是飛速地伸出利爪，把小鳥抓了起來，然後飽餐了一頓。

這則寓言充分說明了：生活中往你身上拉屎的人並不全是你的敵人，把你糞堆裡刨出來的人並不全是你的朋友。這個世界風雲變幻，我們哪裡還敢不擦亮雙眼，分清敵與友呢？聰明之人會堅持自己的原則，不會輕信敵人的諾言，而放棄自己的安全保障。

鬼谷子說，做事重要的是掌握事情的主動權，千萬不可受制於人。這就是要分清敵友的目的。只有這樣，我們才能團結我們的朋友，以攻擊我們的敵人。如果分不清敵友，就有可能獲得錯誤的信

息，錯誤信息必然導致誤會，誤會又會使我們失去理智，做出錯誤的行為，進而造成不必要的損失。

【閱讀延伸】

戰國時期，楚懷王在秦國去世，楚國只得召回在齊國充當人質的太子回來繼承王位。太子接到噩耗，趕緊向齊湣王辭行，可是齊湣王卻故意刁難：「要想回國，就得把楚國東部的五百里土地送給我。否則就別想回去。」寄人籬下的太子沒辦法，只得說：「讓我回去問問師傅的意見吧。」

楚國太子回到住處後，詢問太傅慎子的意見，慎子說：「給他吧。土地也是身外之物，是為人服務的，如果因為吝嗇土地而導致父親死不瞑目，那是不仁的行為，所以我覺得把土地送給齊國比較妥當。」太子覺得有道理，便答應了齊湣王的要求。就這樣，太子得以回到了楚國。

楚太子回國後就繼承了王位，他就是楚頃襄王。他剛繼位，齊國就派使者來索要土地。楚頃襄王無奈地又問師傅：「齊國的使者前來索取土地，我們該怎麼辦呢？」慎子回答說：「大王把君臣召來商議吧。」

第二天一早，楚頃襄王把眾大臣召集起來，說了事情的經過，然後詢問他們的意見。上柱國子良首先站出來說：「大王，這個土地得給齊國啊，當初大王既然已經答應了齊王，如果不給，就是楚國不講信用，其他諸侯會笑話我們的。請您給齊國土地，然後再出兵攻取。

給土地，是講信用；攻取土地，是比武力。」

第二個發言的是昭常。昭常說：「大王，不能給啊。失去了五百里土地，我們楚國就失去了一半的領土。臣請大王允准我去守衛東邊的土地。」

昭常剛退下，景鯉站了出來，說：「大王，臣覺得不能給。如果齊國因為這個而來攻打我們，楚國無法堅守，臣請求去秦國搬救兵。」

退朝後，楚頃襄王前來徵詢師傅的意見。慎子聽過那三位大臣的主意後，對頃襄王說：「大王，就按他們三個說的做吧。」楚頃襄王一聽，愣住了，那三位大臣的意見絲毫不一致，怎麼能同時執行呢？不解地問：「老師，這是什麼意思？」慎子回答道：「大王為上柱國子良派五十輛車，讓他去向齊國進獻那五百里土地。然後再任命昭常為大司馬，讓他去堅守東方。再然後，大王給景鯉派五十輛車，讓他去秦國求援。」

楚頃襄王聽了，頻頻點頭，稱讚道：「老師真是好主意！」於是就按慎子所說去做了。

子良到齊國後，齊國派兵將前往接收楚國的東部領土。而此時昭常已經在那裡守衛，他對齊國使者說：「現在這個地方由我主管，我誓與此地共存亡。我們一共有三十萬人，雖然裝備不精，但我們仍然願意誓死保衛這裡的土地。」

齊湣王得到匯報後，很生氣，就責問子良：「您前來獻地，而昭

常卻在那裡堅守，這是為何？」子良說：「我是奉敝國國君的命令來的，昭常肯定是假借王命，大王就進攻他吧。」於是齊湣王舉兵向楚國東地攻去。

然而，沒等齊國踏進楚國的國境，秦國已經出兵了，不僅如此，秦國說：「齊王不讓楚國太子回國，是不仁，又以此要挾，索要楚國東邊五百里領土，是不義。如果儘快退兵就罷了，如果不退，我們就同齊國決一死戰。」齊湣王一聽，害怕了，趕緊請子良出使秦國，為齊國解除憂患。就這樣，楚國不動一兵一卒就保全了東部的領土。

慎子謀事，深諳鬼谷子所說的「事貴制人，勿制於人」之道，他深知在當時那個情況之下誰可用，誰不可用，該聯合哪個國家，該放棄哪個國家。而這一切，都基於他對當時形勢的透徹了解。只有充分了解了對方的實情，你才能知道他可用不可用，這是基礎，是前提。

順應自然，無為貴智

故聖人之道陰，愚人之道陽。智者事易，而不智者事難。以此觀之，亡不可以為存①，而危不可以為安。然而無為而貴智②矣。

【註釋】

①不可以為存：不能夠設法讓它存在。②無為而貴智：順應自然而推崇智謀。無為，順應規律。

【譯文】

因此，聖人運用謀略的規律講究「陰」，愚蠢的人做事的規律只能說是「陽」。聰明的人做事情就比較容易，愚笨之人做事就比較困難。由此可見，儘管消失的東西不可能讓它繼續存在，危急的局勢也很難使之轉危為安，但是，在處理事情的過程中，順應規律，重視智謀，仍然難能可貴。

【智慧全解】

老子提倡「無為而治」，意思是說，做事情在順應客觀態勢，尊重自然規律，而鬼谷子在此也提出了無為而治的主張，他說：「然而無為而貴智矣。」鬼谷子認為，在處理事情時，要順應規律，重視智謀，這是非常可重的。二者有異曲同工之妙。

有些人認為，「無為」就是什麼也不做，只是消極地任憑命運擺布。這是不正確的。無論是與老子思想，還是與鬼谷子思想，都是不相合的。鬼谷子所提倡的「無為」，含有不妄為、不亂為的意思，強調做事要尊重事物的規律。

鬼谷子的理論運用到現代生活中，就是說個人的行為要順應自然和社會發展的規律，並按照規律去制訂相應的對策、措施，不可輕易改動。人們在這樣的制度管理下，才能盡情地發揮自己的才華。在企業管理中，有很多管理者採用無為而治的辦法，大膽放權，給下屬足夠的空間去施展才幹，收到了相當不錯的效果。

人的精力是有限的，時間也是有限的，一個人無論多麼優秀，都不可能面面俱到，這就需要有所選擇，有所為，有所不為，把自己的精力集中到最重要、最關鍵的事情上，而捨棄那些不重要的事情或不宜做的事情。如果什麼事都想幹，必然會削弱你的精力，那樣是做不好任何事情的。

大千世界，變化萬千，我們要找準自己的目標，拋棄繁雜無關的紛擾，把自己的最大精力和智慧投入到最值得的地方，這樣，我們的人生才更加充實，更加精彩。這也是鬼谷子「無為而貴智」之思想的內涵所在。

【閱讀延伸】

西漢時期，劉邦手下有一位大臣名叫曹參。此人曾跟隨劉邦起兵反秦，為西漢的建立立下了汗馬功勞。當年劉邦在建國之初論功行賞

之時，將曹參封為平陽侯，其功僅次於相國蕭何，位居第二。

後來，曹參為齊王相國，在任九年，他一直遵照「治國貴在無為」的辦法處理政務，制定了許多利民政策，沒過多久，齊國經濟得到恢復和發展，百姓們過上了安穩的太平日子。大家都稱讚曹參是一個賢明的丞相。

漢惠帝在相國蕭何臨終之際詢問何人能夠接替相位，蕭何便推薦了曹參。於是漢惠帝便讓曹參接替蕭何，做了大漢第二代相國。俗話說：「新官上任三把火。」曹參這個新相國會怎麼燒這三把火呢？大家紛紛翹首以盼，可是事情的發展讓所有人大失所望。

曹參上任後，並沒有大刀闊斧地大幹一場，而是從各郡和諸侯國中挑選一些質樸而不善文辭的厚道人，立即召來任命為丞相的屬官。斥退、攆走了官吏中那些言語文字苛求細枝末節、想一味追求聲譽的人，並下令不對法度做任何的改變，一概遵循蕭何制定的法度。接下來，曹參自己對朝廷的事不管不問，一天到晚就和人在丞相府喝酒聊天。

有些人沉不住氣了，身為相國，身上的擔子多重啊，哪能一天到晚吃喝閒聊呢？於是著急慌忙地求見勸說，有些人還向他獻計獻策。然而，這些人一到，曹參就馬上拿美酒請他們喝，一張口，曹參就故意岔開話題，說：「先喝酒，喝酒，有什麼事喝完酒再慢慢地談。」只要客人想張嘴說事，曹參就讓酒，直到把人灌醉而歸。

曹參可是蕭何大力推薦之人，怎麼是這個樣子，漢惠帝也急了，召來曹參，一臉不悅地責問道：「當初我是因為信任蕭相國才肯讓你

擔任相國的。誰知，你任相國以來，什麼事情都不願意做，我真懷疑蕭相國的眼光啊！」

曹參聽後，一點也不著急，更不生氣，而是反問漢惠帝：「依陛下之下，您跟先帝相比，誰更賢明英武呢？」

漢惠帝雖不明所以，但還是誠實地回答道：「先帝建功立業，功勞覆蓋千秋萬代，我怎麼敢和先帝相提並論呢？」

曹參又問：「陛下看我的德才跟蕭何相國相比，誰更有德才呢？」

「我看你好像是不如蕭相國。」漢惠帝瞥了一眼曹參，回答道。

得到答案，曹參笑了笑，說：「陛下英明。先帝與蕭相國在統一天下以後，陸續制定了許多明確而又完備的法令，在執行中又都是卓有成效的。現在您的賢能不如先帝，我的德才又比不上蕭相國，難道我們還能制定出超過他們的法令規章來嗎？」

曹參稍稍停頓了一下，又極為誠懇地說：「現在陛下是繼承守業，而不是在創業。因此，如今陛下垂衣拱手，我等謹守各自的職責，遵循原有的法度辦事而不隨意更改，不是很好嗎？」

漢惠帝聽到這裡，才明白過來，對曹參說：「哦，我明白相國的苦心了，你不必再說了，以後我們就遵照舊章辦理吧。」

曹參在相國位三年，一直按照蕭何過去制定的法規治理國家，西漢在他的治理下，政治穩定，經濟發展，人民生活提高不少，天下人

都稱頌他的美德，還編了一個歌謠：「蕭何定法律，明白又整齊；曹參接任後，遵守不偏離。施政貴清靜，百姓心歡喜。」這就是歷史上著名的典故——「蕭規曹隨」。

曹參主張無為，一切按照蕭何當初所制定的法規治理國家，使大漢王朝處於穩定發展之中。他的無為之所以有此良好的效果，完全是因為他非常了解國家的處境與現狀，知道長期遭受秦朝暴政的國家需要休養生息，而且他還非常了解自己與漢惠帝，既然技不如人，還不如遵循舊章，不節外生枝，安定百姓，這才是最好的選擇。

聖人之道，在隱在匿

　　智用於眾人①之所不能知，而能用於眾人之所不能見。既用，見可，否擇事而為之，所以自為也。見不可，擇事而為之，所以為人②也。故先王之道陰。言有之曰：「天地之化，在高與深，聖人之制道，在隱與匿。」③非獨忠信仁義也，中正④而已矣。道理達於此之義，則可與語。由能得此，則可與谷⑤遠近之誘。

【註釋】

　　①眾人：普通人，大多數人。②為人：讓他人去做。③言有之：俗話說，常言道。化：化生（萬物）。④中正：不偏不倚。⑤谷：俞樾《諸子平議‧補錄》以為當作「穀」，即悅近來遠，讓天下歸服。

【譯文】

　　運用智慧，就要用在眾人無法察知的地方，才能也要用在眾人看不到的地方。智慧與才能的運用貴在隱秘，要做到隱秘，就不要選擇應該公開做的事情去做，這樣做是為了實現自己的目的。如果不能做到隱秘，那就乾脆公開自己的謀略，向對方顯示自己這樣做是為了對方。所以，先王處世的法則講究「陰」。俗話說：「天地化生萬物，表現在高深莫測；聖人處世的訣竅與法則，在於隱藏不露。」在使用智慧、才能的過程中雖然講究隱秘，但是不能失去忠信、仁義，以及中正法則。能夠懂得在忠信、仁義、中正的法則下運用計謀的人，才

能與之謀劃。能夠懂得這些道理的人，才能悅近來遠，讓天下歸服。

【智慧全解】

鬼谷子認為，聖人之道，在隱在匿，意思是說，聖人處世往往善於隱藏不露。鬼谷子認為，只有那些懂得隱秘，又不失忠信、仁義及中正法則的人，才能與之謀劃共事。善於隱匿之人，世人稱之為大智若愚之人。

大智若愚是大智慧，是真聰明。大詩人蘇軾曾說：「大勇若怯，大智若愚。」真正的大智大勇之人從來不大肆張揚，賣弄聰明。一個人是否真勇真智，不是看外表，而要看實力，具有大智慧的人，往往看起來反倒如同糊塗人，其實不是真糊塗而是假糊塗，這就是「大智若愚」。大智若愚的人給人的印象是：寬厚敦和，平易近人，不露鋒芒，甚至有點木訥和傻氣。其實在「若愚」的背後，隱含的是真正的大智慧大聰明。

有些人總愛自作聰明，生怕被人當作傻瓜，處處表現自己，處處爭權奪勢，其實常常是在上演一幕幕作繭自縛、引火燒身、自掘墳墓的悲劇。這些人可能會一朝得逞，一時得勢，但玩的終究是小聰明小把戲，是大愚若智，這種人最終都落不下好結果。有些人整日誇誇其談，聰明外顯，比如趙括紙上談兵無人能敵，卻只能敗兵疆場；宋朝的張浚組織「花腿軍」，大言掃敵，卻一事無成。而劉備在曹操面前唯唯諾諾，盡掩英雄之氣，所以能安全離開曹營，重振漢室基業，三分天下。智慧只在心中，流露在臉上的聰明不是智慧，而是淺薄。一個才德兼備的人，很容易招致旁人的忌恨，總是處於危險的境地。因

此，保護自己的最好方法是深藏不露，像鬼谷子所說的那樣「智用於眾人之所不能知」，如此才能成就大事。

世界紛繁複雜，生活變化多端，我們要學會一套生存的本領。任何人都希望保持自己的個性、任性而為，但很多情況下，這樣做的結果是讓事情越來越糟，反而離自己的意願更遠。做人要有原則，但做事不可不講究方法。懂得隱秘，又不失忠義之人，才能悅近來遠，讓眾人心服口服，心甘情願追隨。

總之，大智若愚者藏才隱德，謙虛謹慎，以弱制勝，他們用表面的愚笨來保護自己，為自己贏得發展和提高的時間和環境，並能統觀全局，站在比別人更高的角度上把握事態發展的脈絡。這樣的人往往比常人更能抓住成功的機會。

【閱讀延伸】

春秋時期，鄭國國君鄭武公娶了申國國君的女兒為妻，叫武姜。武姜為鄭武公生了兩個兒子，一個是莊公，一個叫共叔段。武姜因為在生莊公時難產，受了很大的罪，所以非常討厭莊公，而極為偏愛共叔段，想立他為太子，多次向武公請求，武公一直沒有答應。

後來，莊公當上了鄭國國君，武姜向他請求，把制地封賞給共叔段作為封地，莊公沒有答應，他對武姜說：「制地是一個極為險要的軍事重地，從前虢叔就是在那裡死的，如果要別的地方，我都可以應允。」於是武姜又為共叔段請求京邑，莊公同意了。

共叔段一到京邑就開始擴大城池，祭仲認為既不合法度，又會威

脅到國家的安全，便向莊公諫言：「按照先王的規定，大的都城面積不能超過國都的三分之一，中等的不能超過五分之一，小的不能超過九份之一。而現在京邑的面積已經超過了三百丈，這不但違反了先王的制度，而且會使您受到傷害。」而莊公絲毫不著急，說：「讓他折騰吧，做盡不義之事的人必定會自取滅亡的，您就等著瞧吧。」

沒過多長時間，共叔段又把西邊和北邊的連邑也劃歸到他的範圍之內。大臣公子呂感到不安，又向莊公建議：「一個國家怎麼能有兩個君主呢？共叔段如此作為，大王準備怎麼辦？如果您想把國家交給他，就請允許我去侍奉他；如果不給，就請除掉他，以免百姓產生二心。」莊公仍然不急不躁，說：「別急，他會自食其果的。」

共叔段還真的是貪得無厭，後來他又把雙方共管的連邑歸到自己屬下，他的封邑一直擴大到了廩延。公子呂又進言道：「可以動手了。他占了這麼多地，會得到百姓的擁護的。」莊公還是一臉淡定，說：「他做了這麼多不仁義的事情，哪裡還會有人親近他，他擁有再大的地方也沒有用，早晚會滅亡。」

共叔段仍然不知收斂，大肆修造城池，聚集百姓，修整鎧甲和武器，打算偷襲鄭國國都。武姜打算作為他的內應。莊公得知後，說：「可以動手了。」沒幾個回合，共叔段就兵敗逃到了別國。

莊公在自己剛剛即位，共叔段錯誤犯得不大的時候，沒有立即動手，而是選擇了隱忍，什麼也不做，只是靜待旁觀，等著共叔段犯下大錯，遭到眾人之怒；共叔段仗著有母后撐腰，以為隱忍的莊公軟弱無能，於是便大肆張揚，實力外露。這樣的兩個人對決，孰輸孰贏，

再明顯不過了。在實力與對方無法抗衡時，不如選擇做一個隱忍的順從者、慫恿者，只有這樣，才能加速對方滑向深淵的進程。大智若愚、隱而不露的人往往成為最後的贏家。

決篇第十一：
趨利避害，決情斷疑

　　「決」，決定、決斷。本篇論述了關於決策事物的原則、方法以及決策的意義等問題，強調了「決」的重要性，鬼谷子認為善於判斷情況、作出決斷是萬事成功的關鍵。鬼谷子的「決術」是人們在面對事情或問題時，決定計謀或策略時的一門學問，掌握這門學問對一個人做事取得成功有很大的幫助。

決之有利，去利不受

　　凡決物，必托於疑者，善其用福，惡其有患。善至於誘也，終無惑偏。①有利焉，去其利則不受也，奇之所托。②若有利於善者，隱托於惡，則不受矣，致疏遠。故其有使失利者，有使離害者，此事之失。③

【註釋】

　　①決物：決斷事情。托：依託。誘：誘導。惑：迷惑，疑惑。偏：偏頗。②不受：指決疑的委託者不接受你的決策。奇之所托：寄託於決斷上的變幻莫測，做到出人意料。③失利：喪失利益。離：同「罹」，遭受，遭遇。事之失：決斷事情的失誤。

【譯文】

　　凡是給人決斷事物，必定是因為那人猶豫不決，善於決斷就能得到利益，不善於決斷就會招致禍患。善於決斷，一定要先誘導對方講出實情，然後再做決斷就不會迷惑或偏失。決斷必須給對方帶來利益，否則，對方就不會接受我們的決策，要想每次決斷都帶來利益，就必須寄託於決斷的變化莫測，做到出其不意。假如所做的決策總的來說是有利的，但是其中隱藏著不利的因素，那麼對方就不會接受這個決斷，而且會導致雙方關係的疏遠。如果我們的決策給對方帶來失利，或是使對方遭受災害，那麼這就是決斷中的失誤。

【智慧全解】

做決斷是一件非常嚴謹的事情，尤其是替他人決斷，一定要慎之又慎，重要的一條就是做出的決斷要能給對方帶來利益，否則，對方就不會接受你的決斷，這就是鬼谷子所說的「有利焉，去其利則不受也」。而要使你的每一次決斷都能帶來利益，就必須寄託於決斷的變化莫測，做到出其不意。

生活就是一個不斷選擇的過程，當我們面前只有一條路的時候，可以毫不猶豫地走下去，可是任何人都有走到三岔路口或十字路口的時候，這個時候就要面臨選擇，要做出正確的決斷，這樣才能保證以後的路走得順暢。那麼我們該如何選擇決斷呢？這個問題就要謹慎再謹慎了，一旦決斷失誤，就有可能走上歧途，至少會走不少彎路。

因此，在做決斷時，一定要權衡利弊。為自己決斷還簡單點，無論結果好壞，都是由自己來承擔全部的後果，好的讓自己獲得利益，壞的能讓自己得到教訓，累積點經驗。如果是替他人決斷就不會這麼簡單了，你一旦決斷失誤，使對方的利益受到損害，對方不會接受不說，還會在心裡埋下一顆仇恨你的種子，這顆種子一旦發芽生長，後果就嚴重了，說不定什麼時候會給你重重的一擊。

俗話說：好事不出門，壞事行千里。你如果替他人決斷錯誤，有失公允，產生的負面效應會相當嚴重，你的形象會瞬間崩塌，人們記不住你曾經的善意、聰明、勇敢，只會記住你這一次不公平的決斷，朋友會歧視你，遠離你，最後你勢必會成為孤家寡人。所以鬼谷子說：「故其有使失利者，有使離害者，此事之失。」使接受決斷的雙方有一方利益受損或是受到傷害的決斷，就是失誤的決斷。替他人做

出一個正確的決斷，接受決斷的雙方都會對你心存感激，而不是一方因獲利甚多而沾沾自喜，另一方因利益受損而暗生仇恨。做一個正確的決斷，能讓接受雙方都心滿意足，從此大事化小，小事化了，雙方在以後的日子裡會盡量宣傳你的聰明智慧。

要做出一個正確的決斷，讓雙方愉悅地接受，需要遵循一定的規則，但其中最重要的一項原則就是必須能為對方謀求利益。不僅如此，決斷之後還要在後面執行過程中，適時關注、調整。因為決斷是一個連續的過程，如果執行不好，也不會有好的結果。

總而言之，替他人決斷的一個目的就是你高興，他快樂，出現一個皆大歡喜的局面。而要實現這個目的，我們一定要權衡利弊，使決斷能夠為對方帶來利益。

【閱讀延伸】

戰國時期，趙國有一個能謀善斷的名士，名叫虞卿。虞卿非常擅長戰略謀劃，堅決主張聯合抗秦，非常排斥向秦國獻媚。

長平之戰，秦軍大敗趙軍，而後乘勝向趙國索要六座城池作為講和的條件。六座城池對於剛經歷過戰爭的趙國而言可不是小事，趙王一時間沒有了主意，便把此事講給了剛從秦國投奔而來的樓緩，想徵詢他的意見。

樓緩對趙王說：「我剛從秦國來到趙國，如果我說不給秦國割城，明顯說不通；如果建議大王割城，大王肯定會認為我是替秦國考慮。不過，我還是建議大王割城給秦國。」趙王點了點頭。

趙國大臣虞卿聽說這件事後，馬上拜見趙王。當他聽趙王說了樓緩的主張後，非常生氣，說：「樓緩就是胡說。」趙王詢問他為什麼會這樣說。虞卿說：「請問大王，秦國這次是為何而撤軍的呢？是因為秦軍疲憊不堪？還是因為秦國愛護大王？」趙王回答說：「秦國每次攻趙，都是傾盡全力，這次肯定是因為疲憊才撤兵的。」

虞卿說：「秦國傾盡全力，尚且不能奪得趙國的土地，最後只得疲憊而歸。現在大王竟然要把秦國無法用武力奪走的城池送給秦國，這不是在幫助秦國攻打自己嗎？如果今後秦國再來攻打趙國，大王打算拿什麼來挽救趙國呢？」

趙王又覺得虞卿說得很有道理，於是便把他的話告訴了樓緩。樓緩說：「對於秦國的進攻能力，虞卿能夠全面掌握嗎？假如他能夠做到這一點，那麼，一丁點兒的土地也不要讓給秦國；如果秦國再來攻打趙國，趙國再想跟秦國求和，恐怕得拿出趙國的腹地了。」

趙王聽他這麼一說，又迷茫了，問：「如果按你所說，把城池割給秦國，你能保證秦國明年不再進攻趙國嗎？」樓緩回答說：「我無法保證。韓、魏、趙三國都是秦國的友鄰，秦國為什麼放過韓、魏，而獨攻趙國呢？大王可想過原因？肯定是因為趙國對秦國沒有韓、魏兩國好。」

趙王又把樓緩的話說給了虞卿，虞卿一聽，怒了，對趙王說：「假如趙國把城邑割給秦國，樓緩卻無法保證秦國不再來進攻趙國，那麼割城池又有什麼意義呢？如果明年秦國又來進攻，再割地求和，豈不是自取滅亡？秦國軍隊雖然強大，但也不可能一下子就能攻下六

座城邑；趙國軍隊雖然實力有限，但也不至於一下子失掉六座城邑。秦國久攻不下，就會疲憊，我們完全可以用五座城邑去聯合其他諸國，一起來攻擊秦國。這樣就算把五座城邑都送給其他國家，也可以從秦國那裡得到補償。大王，您說這個方法好呢，還是割地自削力量而強大秦國好呢？」

趙王再次把虞卿的話轉給了樓緩。樓緩則反駁說：「虞卿說得太片面了。秦國打敗了趙國，其他國家的使節肯定都去秦國祝賀了，人都是趨強而欺弱的。所以說，現在應該趕緊割地與秦國求和，以免惹惱秦國，帶來禍患。」

虞卿聽說樓緩的話後，又趕來謁見趙王，說：「大王，趙國危矣！樓緩明顯是在為秦國謀福利。趙軍被秦軍打敗，然後獻地求和，這不是向其他國家宣揚趙國的軟弱嗎？再說，我主張不割地，並不是只要求不割地，而是主張大王用五座城池去賄賂齊國。齊國向來與秦國不對付，齊王如果得到這五座城邑，一定會與趙國聯合起來，共同抗秦。這樣一來，大王可以促使趙、齊交好，趙國與秦國的處境就轉換了。」趙王聽了這一番話，連連點頭稱讚，於是便派虞卿出使齊國，一起謀劃攻打秦國的事情。

秦國聽說後，趕緊派出使者主動向趙國求和，因為秦國也害怕趙、齊聯手。樓緩得知這個消息後，趕緊逃跑了。

鬼谷子主張，替人謀劃，應該以「善其用福，惡其有患」為標準，因為任何人都是趨利避害的。趙王之所以最後接受了虞卿的建議，關鍵因素就是虞卿所說的能給趙國帶來利益。而樓緩所進言的建議讓他看不到利益，經過權衡，他當然會選擇採納虞卿的建議。

欲成其事，微而施之

聖人所以能成其事者，有五：有以陽德之者，有以陰賊之者，有以信誠之者，有以蔽匿之者，有以平素之者。①陽勵於一言，陰勵於二言，平素、樞機以用。②四者，微而施之。

【註釋】

①以陽德之：公開地施加恩德，使對方感激。以陰賊之：暗中使用計謀，對方受到傷害。以信誠之：待之以誠，使對方信賴。以蔽匿之：以欺瞞矇騙的手段對待對方。蔽，矇蔽，此指虛假情況。匿，藏，引申為矇蔽、迷惑。以平素之：按照正常的方式對待對方。②勵：勉力，此指追求。一言：一種言論，此指言行前後一致。二言：兩種言論，此指前後言行不一，真假難辨。樞機：關鍵。

【譯文】

聖人用來成就事業的手段有五種：一是「陽德」，二是「陰賊」，三是「信誠」，四是「蔽匿」，五是「平素」。這五種手段分為「陰」與「陽」兩類：使用「陽」類的手段時，要言辭如一，前後一致；運用「陰」類的手段時，要善於說兩套話，真真假假，令人摸不透我們的真意。「陽」類手段和「陰」類手段，加上「平常」使用的手段和「關鍵」時刻使用的手段，這四種手段要微妙地加以綜合運用。

【智慧全解】

古往今來，無數事實證明，要想做出正確的決策，不僅要著眼於個人的利益，更要從大局、大勢出發。通觀全局，制訂出戰略性的規劃，然後再「微而施之」，巧妙地運用謀略，這樣才能做到萬無一失。

正確的決策，可以富民強國，穩定局勢。可是做出這樣的決策並不容易，對此，鬼谷子提出了五種手段：「聖人所以能成其事者，有五：有以陽德之者，有以陰賊之者，有以信誠之者，有以蔽匿之者，有以平素之者。」同時還指出：「陽勵於一言，陰勵於二言，平素、樞機以用。四者，微而施之。」意思是說，「陽」類手段和「陰」類手段，加上「平常」使用的手段和「關鍵」時刻使用的手段，這四種手段微妙地加以綜合運用，這樣就能做出正確的決策，成就一番大事業。

事情是人做出來的，掌控了人的動向，也就掌控了事態的動向，所以決策說到底決定的還是「人」。鬼谷子認為，聖人正是通過陽德、陰賊、信誠、蔽匿、平素這五種手段才成其大業的。用陽德，通過正面感召的方式讓對方喪失鬥志，是歷代皇帝常用的穩定民心的策略，比如漢初的無為而治，再比如當代管理中招聘人才、獎勵制度都屬於此類方法。陰賊的手段多適用於情隱言偽之人。對那些覬覦自己權勢的人，可以果斷地採用陰賊的手段給以反擊，避免管理上的波動。俗話說：「道不同不相與謀。」對於志同道合的人，可以採用「信誠」的策略，用自己的信用支撐對方。人無完人，孰能無過？任何人都有一些缺點、毛病，我們切不可吹毛求疵地責怪他人，那樣只會激

起對方的叛逆之心，所以對於那些犯了小錯的人，要用愛心來庇護他，讓他自己醒悟、改正，這就是鬼谷子所說的「蔽匿」之策。而對於那些愛隨大流、跟風的人，只要採用「平素」的手段控制即可。

總之，一個決策必定會涉及各方面的利益，針對不同的人，我們應採用不同的方式進行決策。掌握了人，也就能掌握住事。只要「四者微而施之」，就一定能使決策按照自己設想的方向發展，最終達到自己的目的。

【閱讀延伸】

春秋時期，晉文公病逝，晉國上下一片混亂，根本顧及不到其他。秦穆公趁此機會派出孟明視、西乞術、白乙丙三人領兵進攻晉國，結果在崤山遭遇伏擊，秦軍敗亡，三員大將全被活捉。後來，經晉襄公的嫡母文嬴（秦穆公的同宗之女）求情，三人才免於一死，最後逃回了秦國。

孟明視等三人剛逃回國內，就有人向秦穆公進言要殺掉他們以平民憤。還有人說：「他們三人帶領秦國士兵出關，結果只有他們三人生還，其他人全都死在了崤山，真是罪不可赦，應該殺掉以安慰國民。」還有人向秦穆公建議說：「當年城濮之戰，楚軍失敗，楚國國君就殺了元帥，以儆三軍，大王也應該倣倣楚王的做法，這樣才能威嚇住士兵。」

總之，秦國諸臣全都主張殺掉孟明視等三人。

秦穆公聽了大臣們的議論，思索良久，然後說：「這次出兵，失

敗的責任在我，是我沒有聽從蹇叔、百里奚的勸告，一意孤行而導致戰爭不利的，不能責怪他人。」

眾大臣一聽此言，全都驚呆了，誰也猜不透大王心中是怎麼想的，所以都選擇了沉默。

秦穆公知道，孟明視等三人都是秦國勇將，秦晉爭霸中原的路還很長，此時殺掉這三員大將，對秦國沒有一點好處，再說了，晉國之所以放回他們三人，就是想借刀殺人，既想除掉仇人，又想獲得秦國的好感。勝敗乃兵家常事，憑三人的本領，將來總有一天能打敗晉國，洗雪恥辱。

所以，他才會扛下了所有責任，並且不顧群臣的反對，身穿白衣，到郊外迎接孟明視等三人。秦穆公一看到他們三人，就哭著向他們表示安慰，並對死去的戰士表示悼念。孟明視三人見之，無不感激涕零，發誓此生一定要效忠於秦穆公。

沒過多久，秦穆公又任命孟明視、西乞術和白乙丙三人為將，統領軍隊。孟明視等三人感激國君的寬宏大量，紛紛竭盡所能，輔佐秦穆公整頓軍隊，盡心儘力地訓練軍隊。經過一段時間的精心準備，三人在此後的戰役中一舉大敗晉軍，不僅報了被俘之仇，而且使秦穆公成為中原霸主。

在此，秦穆公代將受過，以「信誠」的方式使孟明視等三人深受感動，實在是高明之至，他勇於承擔責任的方式籠絡了人才，讓有用人才不會離開，既保全了自己，又獲得了人心，並最終成就了霸業。

度以往事，可則決之

於是度以往事，驗之來事，參之平素，可則決之。[①]

【註釋】

①度、驗、參：三詞意義相近，都有參驗的意思。

【譯文】

能做到上述要求，再用過去的歷史做參驗，再參考平常發生的事，就可以做出決斷了。

【智慧全解】

鬼谷子認為，聖人謀劃決策往往根據以往的經驗，然後在未來的實踐中加以驗證，並參考平常發生的事，而且會注意根據情況的發展及時改正、完善，即「度以往事，驗之來事，參之平素，可則決之」。

世間萬事萬物都是不斷變化的，社會也在不斷地發展，身為統治者，觀察問題、做出決斷必須用變化、發展的眼光，切不可墨守成規、因循守舊。那些有智慧的統治者，往往會借鑑以往的經驗，但絕對不會生搬硬套，因為他們知道此時已非彼時，他們會根據實際情況而不斷修正方略。只有這樣，才能適應社會的不斷發展變化。鬼谷子的「度之往事，驗之來事，參之平素」的謀略，符合辯證唯物主義的

規律，強調治國方略在實際運用中要不斷變更，以適合自然界的變化規律。

俗話說「前事不忘，後事之師」，說的也是謀劃當前之事要參驗往事，以往事為鑑。因為過去發生的事情，和當前所生活的環境又有所不同，所以還要參照當前的種種因素和條件，綜合思慮之後，再做出決斷，這樣事情就更容易獲得成功。

無論是治理國家，還是管理企業，都沒有固定的模式和永恆不變的方法，聰明的管理者總是與時俱進，緊跟時代潮流，靈活地運用法度。對此，商鞅有這樣一段經典的論述：「過去各個時代的政教都不一樣，我們該傚傚哪個時代的呢？每個帝王的禮儀也各不相同，我們又該效仿哪位帝王的呢？伏羲、神農注重用教化而不用殺人；黃帝、堯、舜殺人而不多；一直到周朝的文王、武王，都是適應時代的需要而立法，按照實際的情況而制禮。制訂法規、禮儀要因時制宜，根據當時的情況而定，因此，我認為，治理國家不能只用一種方法，只要於國家有利，對百姓有益，就不必傚法古代。商湯、周武因為不遵循舊法而興盛，而殷紂、夏桀因不改變舊禮而亡國。由此可見，反對復古的人不應受指責，遵循舊禮的人不值得讚揚。」

商鞅以此來批駁當時堅持「法古」「循禮」立場的保守派，來說服秦孝公進行變法。他以「前世不同教」「帝王不相復」的歷史經驗為理論依據，提出了「治世不一道，便國不必法古」的口號。商鞅主張不盲目崇拜古人，不生搬硬套固定的模式，他的思想體現了當時革新派大膽進取的精神。事實證明，他的主張是正確的，秦國自商鞅變法後，國力逐漸強盛，最後終於滅了東方六國，使中國走向統一。

時至今日，身為管理者，在管理過程中也必須參照古今中外的成功經驗，但切不可照搬照抄，要根據自己的實情，根據時代的變化加以修正、完善，這樣才能使自己的事業立於不敗之地。

【閱讀延伸】

秦統一中國後，秦始皇在宮中設宴，與群臣歡聚一堂。席間，博士僕射周青臣等人趁機向秦始皇獻媚道：「想當年，秦國領土不過方圓千里，後全靠陛下神靈聖明，平定海內，放逐蠻夷，日月所照，莫不賓服；廢諸侯治國，立郡縣之制，人人自安樂，無戰爭之患。陛下之功業流傳萬世，自上古以來，沒有哪個君王的聖賢比得過陛下的。」秦始皇聽後大悅。

齊人淳于越進諫說：「臣聽說，周朝、殷朝昌盛千年，全靠分封子弟功臣作為輔佐。現在陛下統一天下，舉國繁盛，陛下享譽天下，而子弟都還是匹夫庶民，恐怕將來會像齊國那樣有田常之患，如晉國那樣有六卿之患，如果沒有輔弼，何以相救？自古以來，從來沒有拒絕以古為師而長久的。今青臣等人當面阿諛陛下，是加重陛下之過，非忠臣也。」

這時，已經身為丞相的李斯又對秦始皇進諫說：「五帝和三王之政都不一樣，各以其便宜為治，不是非要與前代相反，而是根據時世變化而治國。今陛下創大業，建立萬世之功，治國方略，固然不是腐儒所能知道的。況且淳于越所言，乃三代（夏商周）之事，何足為師法？當年諸侯相爭，才各自厚招遊學之士以圖強。今天下已定，法令統一，身為百姓的就應勤勞務農，士人就應學習法令，以知道禁忌。

今儒生及遊學之士皆不師今而學古，用以非議當世朝政，惑亂百姓。臣冒死言：古時天下散亂，不相統一，是以諸侯爭相用強為亂，其所言皆譽古而謗今，飾虛言以亂實。人人皆信奉其私學，而肆意詆毀君上所制定的典章制度。今陛下一統天下，明辨黑白而定一尊，但是那些私學之人仍任意誹謗法制。每聞政令頒布，這些人就相互以其私學議論紛紛，居家就在心裡非議，出門就在巷子裡非議。用非議主上來討取美名，以另類的志趣來標榜清高，各率其門徒造謠誹謗。如果不加禁制，則陛下之威降於上，朋黨之勢成於下。臣請下令，凡家中藏有《詩經》《尚書》、諸子百家之書者，限期命其銷毀。如果令滿三十日仍未將書銷毀者，就將其黥面罰做城旦（白日防敵寇，夜裡築長城）。諸如醫藥占卜種樹之書，可以留下。若有想學習這些的，可以跟隨官吏學習。」

秦始皇覺得李斯所言頗有道理，於是果斷下令焚書。

從以上秦朝各大臣的進言來看，淳于越是食古不化，而李斯則走向了另一個極端，譽今而毀古，他所借鑑的古事之理雖然正確，但是他以稱讚古代的「改革」來「改革」秦國之政，是只看到了時世變化的一面，而忽視了時世不變的一面。因此，「焚書」這一決斷，受到千古唾罵。我們在「法古」「決今」時，不僅要考慮到事物及環境的變化，還要顧及自然界中不會隨時間、環境而改變的因素，如此周密謀劃，才能做出正確的決斷，幫助我們走向成功。

斷其可否，可則決之

　　王公大人之事也，危而美名①者，可則決之；不用費力而易成者，可則決之；用力犯勤苦②，然不得已而為之者，可則決之；去患者，可則決之；從福③者，可則決之。

【註釋】

　　①危而美名：雖然危險，但可以用來博取好名聲。②犯勤苦：付出艱苦努力。③從福：能帶來福利、幸福。

【譯文】

　　給王公大人謀劃事情有以下五種情況可以幫其決斷：一，當其處於危險之中時，而且事情做成之後可以博得好名聲的，可以給他決斷；二，不用費多少力就能辦成事的，可以給他決斷；三，事情做起來費力，需要付出艱辛的努力，但是又不能不做的，可以給他決斷；四，能夠為對方解除禍患的，可以給他決斷；五，可以幫對方謀求利益的，可以給他決斷。

【智慧全解】

　　在這裡，鬼谷子論述了為王公大人謀劃決斷的五種情況：「危而美名者，可則決之；不用費力而易成者，可則決之；用力犯勤苦，然不得已而為之者，可則決之；去患者，可則決之；從福者，可則決之。」意在告訴我們，如果可行，就要勇敢而果斷地做出決斷。

人生在世，誰都離不開決策，決策有時候可以影響一個人的一生，或者成就一生，或者毀滅一生。一件事，做還是不做，什麼時候做，該如何去做，都要果斷地進行決策，決策晚了，機會就會溜走；決策錯了，就會一敗塗地。因此，要想成就宏偉事業，必須注意培養自己的決策能力。

　　有這樣一則寓言：話說一個農家小院裡拴著一頭驢子，驢子的左右兩邊各放一堆青草。驢子餓了想吃草，可是左右一看，作了難，兩堆草一樣青蔥誘人，先吃哪一堆呢？驢子左看右看，始終決定不下來，猶豫來猶豫去，驢子竟然餓死了。

　　由此可見，果斷決策是多麼重要。果斷是一種極為重要的人格素質，一個果斷的人，會讓人覺得可靠，從而願意將事情託付於他；一個優柔寡斷的人，會逐漸喪失他人的信任，從而導致事業失敗。

　　生活中有不少人做事喜歡權衡來對比去，為了一些小利小弊而舉棋不定，結果等到做出決定時，機會已經溜走了。常言說：機不可失，時不再來。花兒謝了，還有再開的時候；燕子去了，還有再來的時候；草兒枯了，還有再綠的時候；可是機會錯過了，就永遠不會再回來，因為失去的時機已經不復存在，而未來的時機只是一步一步才逼近你，沒有到來之時，你就算挖空心思去尋，也是枉然。

　　機會來去匆匆，轉瞬即逝，正所謂當斷不斷，反受其亂，我們在抉擇時，一定要果斷，只要自己認為是正確的，就不要猶豫。只有果斷地做出決策，抓住稍縱即逝的機會，勇敢地付諸行動，才能在激烈的競爭中持續穩定地發展。這就是鬼谷子所提倡的「斷其可否，可則

決之」的思想。

【閱讀延伸】

西漢景帝時期，吳王劉濞聯合七國諸侯起兵謀反。漢景帝任命周亞夫為將，領兵平叛。

在大軍前往征討叛軍的途中，周亞夫的門客鄧都尉進言道：「吳兵鋒芒正利，我們不宜與之相爭；而楚國反兵實力較弱，不能打持久戰。所以將軍不如率軍駐守昌邑，堅守不出，將梁國丟給吳兵，吳王肯定會盡全力攻打梁國。這時將軍可以構築工事，出奇兵斷絕吳兵糧道。等到吳、梁兩國兩敗俱傷之時，將軍就可率兵猛攻，這樣一定能攻破吳兵。」

周亞夫一聽，點頭贊同，便依鄧都尉之計屯軍昌邑，深溝高壘，堅守不出。吳兵果然率其精銳之兵攻打梁國。梁王劉武是漢景帝的弟弟，深受竇太后寵愛，其國富足，也全力抵禦吳兵的進攻。可是吳兵的實力還是強於梁軍，而且吳楚叛軍在人數上也占有很大的優勢，梁國在吳兵的猛攻下，傷亡慘重。梁王天天向周亞夫求援，可周亞夫就是堅守陣地，不向梁國派援兵。梁王沒招了，就上書漢景帝，請漢景帝下旨命令周亞夫援梁。漢景帝手足情深，擔心弟弟有危險，馬上給周亞夫下了聖旨，命令他趕快救援梁國。

俗話說：將在外，君命有所不受。周亞夫置聖旨於不顧，仍然堅守不出，不過卻派出精兵斷了吳楚聯軍的糧道。沒多久，吳兵就陷入了缺糧的恐慌之中，劉濞不願再打持久戰，便多次向周亞夫挑戰，可

是，周亞夫根本不理，始終堅守。吳兵勢力實在很大，漢軍夜裡受到了驚擾，在軍營中自己人跟自己人打了起來，騷亂一直蔓延到周亞夫的營帳之外。但周亞夫還是安穩地睡自己的覺，不予理會。沒過多久，騷亂就平息了，而吳兵卻一直無法與周亞夫交戰，於是便在漢軍營寨的東南方安營紮寨。周亞夫判斷吳兵可能會從西北角繞過昌邑，於是派精兵在西北角埋伏，果不出所料，到了夜晚，吳兵果然向西北角奔來，早有準備的漢軍突然襲擊，吳兵只得撤退。

吳兵求戰不得，而梁國又久攻不下，軍中士氣低落，糧草匱乏，劉濞只得引軍後撤。吳兵剛撤，堅守了三個月的周亞夫就開始率軍追擊，大破吳楚聯軍。劉濞僅率數千人逃走，一個月後，劉濞被越國人誅殺。周亞夫成功平定叛亂，凱旋還朝。

周亞夫判斷出奉旨出兵救援梁國，必定會置長安於危難之中，於是果斷地做出決策，抗旨不遵，堅守不出。那個時代，違抗聖旨就是死罪，但是周亞夫為大漢王朝考慮，為漢景帝決斷，哪怕犯下死罪也沒去救援梁王，最終，他的正確決斷帶來了勝利，為自己贏得了功名。試想，如果周亞夫明知不可仍然出於忠心而奉旨而行，那麼，周亞夫的功名、漢景帝的宏業也就不復存在了。

決情定疑，萬事之基

　　故夫決情定疑，萬事之基。以正亂治，決成敗，難為者。①
故先王乃用蓍（shī）龜②者，以自決也。

【註釋】

　　①正亂治：糾正混亂局面達到治理的目的。決成敗：決定事情的
成敗。②蓍龜：蓍草和龜甲，皆為占卜工具。蓍，多年生草本植物，
古人用其莖占卜，以推測吉凶，稱作蓍草之筮。

【譯文】

　　因此，決斷事情，解除疑慮，是做好事情的基礎。決斷關係到國
家的治亂、事業的成敗，所以是很難做到的事情。所以，古代的先王
才藉助於蓍草和龜甲占卜，來幫助自己做出決定，從而使自己的決斷
正確無誤。

【智慧全解】

　　鬼谷子說：「故夫決情定疑，萬事之基。」意思是說，決斷事
情，解除疑慮，是做好事情的基礎。的確，在面臨重要決策的時候，
每個人都會出現焦慮或緊張等情緒波動，這時就需要我們控制好自己
的情緒，做到冷靜、沉著，這樣才能消除內心的疑慮，做出正確的決
斷。

康德說：「做決定比認清所有的可能性還重要。」正因為這樣，我們決斷時才更需要冷靜，這樣做出的決斷才更有價值，更接近客觀事實。

古語云：「靜而後能安，安而後能慮，慮而後能得。」冷靜處事，才能有所得，才能贏得美好的人生。冷靜是一種臨危不亂的淡定，一種地陷山崩的坦然，一種滄海桑田的從容不迫。不管發生多大的事情，只要以冷靜的姿勢去對待，就能找到成功的解決方法。

危急時刻，很多人會情緒失控，緊張、急躁、衝動、魯莽，而這些負面的情緒往往會使自己失去對事物的正確判斷，從而導致決策失誤，使自己陷入被動的境地。如果一個人任由情緒失控，頭腦發熱，就會失去最起碼的理智，變得意氣用事。這是決策之大忌。所以，遇到情況危急之時，我們不妨做一下慢處理，比如在心裡默默地數數，讓過激的情緒慢慢平靜，然後再冷靜觀察事實動向，試著做出決定，這樣一來，結果一定會截然不同。

冷靜是知識和智慧兩者融合到一起的一種涵養，更是一種理性和大度的深刻感悟。而現實生活中，很多人不具備冷靜決斷的素質，一遇到突發事件，就手忙腳亂，方寸大亂，匆忙之下就貿然做出決定，這樣的決定哪裡會符合實情？一旦做出錯誤的決定，必然會導致事態一發而不可收，甚至會完全失去挽回局勢的機會。我們不是經常聽到有人嘆息：「我沒有輸給對手，反倒輸給了自己。」心理素質不好，遇事就失控、失態，必然會導致糟糕的結果。

因此，在面臨重大決策之時，必須做好自我調節，冷靜面對，這

才是我們做決斷時最需要的素質。除了保持冷靜、恪守原則外，我們還要懂得變通，以靈活的方式處理問題，這樣我們才能掌握住事情的主動權，使事情朝著有利於我們的方向發展。

【閱讀延伸】

　　隋朝末年，李淵舉兵反隋，並最終推翻了隋煬帝的統治。隨著戰爭的結束，李淵之子李世民被封為秦王，他的地位已不同往日，而李建成則利用太子的優越地位，頻頻向李世民發難。

　　一天晚上，李建成邀請李世民前往太子府赴宴，喝著喝著，李世民突然感覺心口疼痛不已，於是趕緊讓人把自己扶回府中，這才保住了性命。還有一次，皇室眾人一起打獵，太子讓手下給李世民備馬，結果李世民在那次打獵中差點被馬摔死。

　　秦王李世民接二連三地遇險，這讓王府上下又驚又憂。房玄齡覺察到事態不妙，太子與秦王的嫌隙已然形成，必然會有公開較量的那一天，兩人一旦兵戎相見，剛剛安定的國家又會陷入戰禍之中，百姓們又要遭殃了。於是他便建議李世民先發制人，力挽狂瀾，使百姓避免戰亂，使天下能夠長治久安。房玄齡對李世民說：「事態已經發展到這個地步了，殿下不如向周公學習，對外安撫周圍各國，對內安撫社稷，先下手為強。否則，國家淪亡，身名俱滅，您應早做決斷，絕不能再遲疑！」

　　這時的太子和秦王已經到了劍拔弩張的地步，為了打擊李世民，太子李建成可謂是絞盡腦汁去陷害、中傷、挖牆腳。李建成對李元

吉說：「秦王手下，最有謀略的是房玄齡和杜如晦。一定要想辦法把這兩個人趕走，以斷秦王的左膀右臂。」於是他們就在李淵面前詆毀房、杜二人，最終借李淵之手將此二人趕出了秦王府。然後，他們又利用調兵遣將的機會，設法調動秦王的部將。程咬金原是秦王府統軍，是秦王的得力幹將，李建成又借李淵之手令程咬金出任康州刺史。不過，程咬金卻藉故拖延，滯留長安。

李世民仔細分析了當前的形勢，知道自己再忍下去，只有死路一條，於是決定採納了房玄齡的計策，先下手為強，發動政變，殺掉太子，逼父禪位。做出決斷後，李世民馬上派心腹長孫無忌祕密召見房玄齡、杜如晦二人。此時，房、杜二人還不清楚秦王是不是下定了決心，二人便一唱一和，使用激將之法，對前來邀請二人的長孫無忌說：「皇上敕旨命令我們不再為秦王辦事，我們如果私自見秦王，就是死罪，不敢奉召。」

李世民收到消息後，勃然大怒，說：「難道連你們也不願效忠於我了嗎？」當場取下佩刀，對尉遲敬德說：「你再去一次，如果他們無心見我，就拿他倆的人頭來見我！」

尉遲敬德和長孫無忌又祕密召見房、杜二人，對他倆說：「大王已經下定了決心，你們快來謀劃大事吧。」

房玄齡和杜如晦一聽，這才放心，於是喬裝打扮一番，祕密進入秦王府，同秦王密謀對策。

幾人商定之後，李世民便進宮密奏太子李建成、齊王李元吉淫亂後宮以及試圖謀害自己的事情。李淵聽了，便命令他們明日一同進宮

對質。到了第二天的早上，李世民率領尉遲敬德等人在宮城北門玄武門事先設下埋伏，趁李建成、李元吉入朝沒有防備的時候，將他們射死，這就是歷史上著名的「玄武門之變」。

政變後，李淵被迫以秦王李世民為太子，並交出大權，李世民成為實際上的皇帝。兩個月後，全國局勢穩定，李淵便把皇位傳給了李世民，退為太上皇。李世民終於登上皇帝的寶座，改年號為貞觀，從此，翻開了唐朝歷史新的一頁。

常言道：當斷不斷，反受其亂。李世民在謀劃國家大事時，沒有失去方寸，更沒有因為李建成的屢屢傷害而怒火衝天，魯莽行事，而是冷靜地分析當時的形勢，緊緊抓住了時機，當斷則斷，終於成功登上帝王的寶座，使黎民百姓免於禍亂之苦。他把握住了成就大事的基礎──決情定疑，所以才使事業得以成功。

符言第十二：
明察秋毫，從善如流

　　「符」，符節，是古代朝廷傳達命令或調兵將用的憑證，雙方各執一半，以驗真假。「言」，格言。「符言」是指國君要避免被他人看透自己的內心真實想法。鬼谷子在該篇中為君王設計了一套治國御民的策略，論述了君主應該如何治理天下、統領百官，以及如何具備一國之君所應有的素質。

安徐正靜，居上之守

安徐正靜，其被節無不肉。①善與而不靜，虛心平意以待傾損。②右主位③。

【註釋】

①徐：徐緩，從容。被：施及，加於……之上。②善與而不靜：善於給予或放縱對方，使其不能安靜。傾損：傾倒和損害。③右主位：以上所講的主要針對在位者需要注意的事項。右，以上。古人自右向左豎寫，故綜括以上內容時言「右」。主位，指在位者應有的態度。

【譯文】

在位者需要保持安定從容，正色冷靜，就像骨節必須有肉附著於上面一樣，才能活動，發揮作用。在位者要善於給予或放縱對方，使他無法安靜，而自己則居位靜觀，以待其傾覆毀損。以上講的是在位者應該如何去做。

【智慧全解】

鬼谷子在此提出了居上位者應該持有的態度——「安」「徐」「正」「靜」。這四種修養不僅是在上位者應具備的，更是每一個人都應該努力具備的修養。

「安」，安詳，安詳是一個人成熟的象徵，只有成熟的人才能沉靜安詳，淡定從容。安詳之人都是經歷過風雨和挫折的人，這樣的人，無論是做人還是做事都有了萬事隨緣的感悟，不再年少輕狂，不再浮躁，能夠從容地看待世間萬事萬物、成敗得失。

　　「徐」，從容、平和。從容、恬淡是一種難能可貴的境界和氣度，從容之人做事不急不緩、不焦不躁，面對世態炎涼不慍不怒，即使遭遇種種挫折與不幸也不會自暴自棄，即使獲得成功也不會喜形於色。

　　「正」，指的是正直。古人云：「心如規矩，志如尺衡，平靜如水，正直如繩。」正直是中華民族的傳統美德，是為人處世的高貴品格。正直之人，無論說話還是做事，都懷揣道義，銘記責任，具有極為明確的是非觀、價值觀，於己不謀私，於人不虛偽，於公不瀆職。正直之人務實、認真，誘不倒、壓不垮，心不染塵，眼不容沙，敢於反對奸邪，堅持正義。

　　「靜」就是沉靜，沉靜之人耐得住寂寞，忍得住孤獨，與人無爭，寬容忍讓，沉著自信，默默進取。沉靜是一個人閱歷深厚的表現，閱歷越多，體會越深，處逆境仍能保持一顆平常心，看得失沉著冷靜。沉靜之人，只在乎無愧於心，只要自己曾全力以赴，就能安然自若，問心無愧。

　　鬼谷子認為，一個人在功成名就之後，往往容易沉浸在成功的喜悅之中，容易不思進取，也容易滋生驕傲優越的心理，不再嚴於律己，所以才提出了「安、徐、正、靜」這四種態度。能做到安詳、從

容、正直、沉靜的人，便能心平氣和地面對天下紛爭，不以物喜，不以己悲，達到這種境界，位子一定能坐得牢牢的。在現實生活中，我們身居某個職位，也要積極、努力、平和、正直，這樣我們才能與周圍的人和平相處，並掌控局勢。

【閱讀延伸】

東晉時期，王羲之的家族頗有名望，王羲之的伯父王導、王敦都是東晉的功臣。其中王敦雖任大將軍一職，掌管東晉的兵馬大權，仍然不滿足，一直想嘗嘗當皇帝的滋味。王敦手下有一個名叫錢鳳的謀士，對王敦的野心給予大力支持，時不時地給他打打氣，他自己也想借此撈個開國元勳的功勞。二人可謂是臭味相投，一拍即合。

有一天早上，時值初夏，王敦剛起床，就見錢鳳急匆匆地衝進了王府大門，直奔客廳而來。王敦得到消息後馬上來到客廳與之見面。錢鳳張了張嘴，可是看了看左右，又止住了，王敦馬上明白了他的意思，急忙揮手屏退左右。二人關起房門，抵頭密語，談起了「謀反」之大事。

錢鳳神神祕祕地對王敦說了一個不祥的消息。王敦一聽，眉頭逐漸皺了起來。二人神情緊張，嘀咕了好久，說得正起勁時，王敦突然站了起來，大手一揮，制止錢鳳再開口。原來王敦透過窗子，看到對面房間的蚊帳動了動，他突然想起自己的侄兒王羲之還在床上睡覺呢！

此時的王羲之年僅十二歲，非常聰明、機靈，悟性極高，深受王

敦喜歡，王敦把王羲之看作是王氏家族的希望，所以，他經常把王羲之帶在身邊，留在他自己府裡生活。這一次，王羲之已經在王敦家好幾天了，他的臥室正好在客廳的旁邊。當錢鳳來的時候，由於兩個人都很緊張，王敦也就把在房中睡覺的王羲之忘記了，直到看到蚊帳動了一下才猛然想起來。王敦神色慌張地對錢鳳說：「壞了，羲兒還在旁邊睡覺呢，他如果醒了會聽到我們剛才說的，這可如何是好？」

「謀反」可是滅九族的大事，一旦消息洩漏，謀劃者必定身死名敗，王敦和錢鳳一下子慌了神。錢鳳眼露凶光，對王敦說：「大將軍，計劃一旦洩漏，我們必死無疑。俗話說無毒不丈夫，此時你可不能心軟啊！」錢鳳催促王敦去殺了王羲之。

王敦沉默不語，呆愣了好久。

錢鳳看王敦猶豫不決，又催促道：「大將軍，要成大事，必須敢做敢為。當斷不斷，反受其亂！」

王敦在錢鳳的催促下，終於下了決心，說：「你說得對，做大事切不可兒女情長。」說著，便向王羲之睡覺的房間走去，「羲兒啊，你千萬不要怪伯伯我心太狠啊！」說著，王敦隨手拔出寶劍，快步走到王羲之睡覺的床前。

王敦撩起蚊帳，揮起寶劍就要往下砍，定盯一看，發現王羲之此時呼吸均勻，還發出微微的鼾聲，睡得正香呢，王敦掀起帳子，王羲之一點兒反應也沒有。王敦收回寶劍，退了回去，心中暗暗慶幸自己的密謀沒有被侄兒聽去。

待王敦與錢鳳走出房間後，王羲之才長出一口氣。原來在錢鳳進門時，王羲之就已經醒了，也聽到了他們二人的談話。王羲之意識到自己危險了，當王敦提劍向他走來時，王羲之緊張急了，他努力讓自己平靜下來，兩眼緊閉，裝出睡著的樣子，這才讓王敦沒有動手。

王羲之用自己的機智避免了殺身之禍。

鬼谷子說：「安徐正靜，其被節無不肉。」鎮靜、平和，處變不驚，才能更好地保全自己。王羲之正是用自己的從容、沉靜逃過了一劫。

輻湊並進，垂拱而治

目貴明，耳貴聰，心貴智。以天下之目視①者，則無不見；以天下之耳聽者，則無不聞；以天下之心思慮者，則無不知。輻湊並進②，則明不可塞。右主明。

【註釋】

①以天下之目視：用天下人的眼睛去看。②輻湊並進：做到遍視、廣聞、全慮，就像車輪之輻集中於車軸一樣。湊，通「輳」，指車輻集中於車軸。

【譯文】

眼睛貴在明亮，耳朵貴在靈敏，心靈貴在有智慧。君主若能利用全天下人的眼睛去觀察，就沒有什麼東西是看不到的；如果用天下人的耳朵去傾聽，就沒有什麼東西是聽不到的；如果用天下人的智慧去思考，就沒有什麼東西是想不通的。如果能做到遍視、廣聞、全慮，就像車輪的輻集中於車軸一樣，那麼，君主的聖明就沒有什麼能夠遮蔽、堵塞的了。以上說的是君主要如何做才能英明。

【智慧全解】

鬼谷子在此提出了居上位者做到英明的方法，即「以天下之目視者，則無不見；以天下之耳聽者，則無不聞；以天下之心思慮者，則

無不知。輻湊並進，則明不可塞」，做到遍視、廣聞、全慮，就能英明神武，沒有什麼能夠遮蔽、堵塞的了。

一個人要讓天下人都當他的耳目、心腦，是非常難的，收遍全天下人的心，只是一種誇張的說法。其實，掌控天下事，只需收攬到天下英豪才俊的心就可以了。

人有賢愚、士有勇怯，如果你讓愚蠢之人、怯懦之人做了自己的耳目、心腦，你的事業還能成嗎？所以說，以天下之目視，其實就是以賢人為視；以天下之耳聽，其實就是以賢人之耳為聽；以天下之心思慮，其實就是以賢人之心為思慮。古往今來，凡成大事者，都以賢才為助，得才者得天下，而最終走向成功。如果與奸佞之人為伍，那麼，無論居上位者多有才幹，無論身邊有多少人輔佐，也是無法成功的，甚至會賠上自己的身家性命。

常言說得好，不怕狼一樣的對手，只怕豬一樣的隊友。如果你的搭檔是一個軟弱無力之人，或是心術不正之人，就算你學富五車、才華橫溢，被這樣的隊伍拖著後腿，你也無法取得好的戰績，難以辦成大事。因此，在現實生活中，不管是管理者，還是創業者，只有收攬到有才有識的人做下屬、搭檔，才能一帆風順，成就一番偉業。

與賢才為伍，同心同德，努力奮鬥，這樣你就能節省不少精力，就能站在高處，統籌大局，從容謀事，而不必承擔太重的負擔，被亂七八糟的瑣碎之事搞得焦頭爛額。這正是鬼谷子所說的英明之策，「輻湊並進，則明不可塞」。

【閱讀延伸】

南朝宋後廢帝劉昱荒淫殘暴，喜好殺戮。當時有個大臣名叫蕭道成，為朝廷立下無數戰功，可是劉昱卻一直想殺了他。經過太后的懇切勸說，劉昱才沒有動手。

蕭道成一直知道劉昱對自己的戒備，因此十分害怕，經常窩在家裡不敢出門。很多害怕劉昱的大臣都暗中投靠蕭道成，越騎校尉王敬則就是其中的一位。

王敬則投奔蕭道成後，了解了蕭道成對劉昱的畏懼，於是，每天晚上都穿上黑衣，偷偷跟蹤或潛藏路邊，偵查夜裡出宮玩樂的劉昱都有什麼玩樂計劃，都做了什麼，說了什麼。然後一一向蕭道成報告。蕭道成非常高興，對王敬則賞賜有加，並讓王敬則想辦法跟劉昱身邊的近臣處好關係。不久，王敬則與劉昱身邊的楊玉夫等二十五個寵臣成為死黨。

喜怒無常的劉昱不僅迫害大臣，對身邊近臣也是動不動就打殺，楊玉夫等人整天受盡虐待，惶惶不可終日。於是，在一天深夜，楊玉夫等人趁劉昱醉酒大睡，拿起大刀，砍下了他的腦袋。

楊玉夫等人殺了劉昱後，帶著劉昱的人頭就來到了王敬則的家裡。當時，王敬則正在自己家裡睡覺，起來得知劉昱被殺，欣喜若狂，馬上提起那顆腦袋往蕭道成的府邸奔去。

來到蕭府門前，王敬則敲了半天門，就是沒人來開門，因為蕭道成擔心叫門的人是劉昱安排的，以為劉昱在趁夜黑風高來偷襲。王敬

則見沒有給自己開門，就在門外大聲喊道：「開門，我是王敬則！」

蕭府手下聽出了王敬則的聲音，就跑到門外問：「有什麼事兒嗎？」

王敬則低聲說道：「就在剛才，楊玉夫等人砍了皇帝的腦袋，快請蕭將軍進宮主事。」

蕭道成聽到匯報，還是不敢讓人開門，猶豫不決，於是王敬則就把劉昱的腦袋從牆上扔進了院裡。蕭道成讓人將頭顱清洗乾淨，再一看，發現正是皇帝劉昱的人頭，這才示意手下開門讓王敬則進來，他則穿戴整齊出來相見。然後二人一起進入皇宮。

第二天一早，蕭道成完全掌控了皇宮，扶十歲的劉准登上皇帝大位。沒過多久，蕭道成就取而代之，建立了南齊。

蕭道成受劉昱的威脅，閉門不出，可是他並不是消極地自保，實際上自有人在為他奔走，王敬則就甘願每天夜裡出去窺伺劉昱，成了蕭道成的耳目。所以，蕭道成不必自己出去，就能盡知劉昱的一舉一動。以天下人之眼為眼，以天下人之耳為耳，以天下人之思慮為思慮，就能掌控天下人、天下事，蕭道成也就終成大業，建立了南齊。

德術正靜，勿堅而拒

德之術曰：勿堅而拒之[1]。許之則防守，拒之則閉塞[2]。高山仰之可極[3]，深淵度之可測。神明之位德術正靜，其莫之極。[4]右主德。

【註釋】

①勿堅而拒之：不要固執己見而拒絕別人。②閉塞：阻絕、阻斷。③極：到達。④正靜：平正平靜。莫之極：沒有能與之相比的。

【譯文】

推行德行的方法就是：任何人願意歸附我們，我們都不要拒絕。如果我們誠心接納他人，我們的團體就會多一個成員，這樣我們的防守陣營就得到了鞏固；如果拒絕接受他人，就會使自己的實力減弱，同時還阻塞了其他人繼續加入我們的道路。山再高，只要我們一步步攀登，總能到達山頂；水再深，只要我們堅持測量，總能測量出它的深度。德的地位神聖如神明，崇尚德行要求心態平靜公允，做到這些，就沒有什麼能比得上。以上說的是推崇德行的方法。

【智慧全解】

鬼谷子提倡居上位者要善於察納進言，他認為「勿堅而拒之，許之則防守，拒之則閉塞」。古人云：「兼聽者明，偏信則暗」，居上位者不僅要多聽，而且要善聽。

一個人的精力、能力都是有限的，任何人都不可能做到面面俱到，事事完備，特別是在當今這個信息極為發達的時代，一個人不可能掌握所有的東西，這樣一來，在決策的時候，就免不了會出現考慮不周全甚至錯誤的地方。這個時候，多聽聽下屬或親朋好友的意見，從別人那裡借用智慧，就顯得十分重要了。

　　然而，下屬或他人的進言不可能全都可用，這些進言，既有讓人迷惑混亂的淫邪之辭，也有無足輕重的泛泛之言；既有讓人茅塞頓開的真知灼見，也有愚陋無知的糟粕之言；既有規劃全局的遠見卓識，也有不合時宜的說理之言；既有激切逆耳的忠直良言，也有隱晦寓意的深刻之辭。這些進言，有的讓人走向深淵，有的讓人受益匪淺；有的讓人恍然大悟，有的讓人損失慘重；有的讓人頭腦清醒，懸崖勒馬，有的讓人徒增感嘆……可以說，他人的進言對居上位者的得失成敗、福禍存亡有著至關重要的作用。

　　因此，居上位者，對於他人的意見，不論是不是合乎自己的心意，都要慎之又慎，因此鬼谷子提出「正靜以待之」的建議，意思是要以自身正靜而深沉的修養或態度去思考哪些進言可用，哪些不可用，只有以正靜深沉的態度去察納進言，才能做到擇善去惡，用智杜愚，從而獲益。

　　任何人做事都不可能做到完全沒有疏漏。尤其是當今時代，各種信息充斥在我們的周圍。一個人不可能掌握所有的東西，那麼在決策的時候就難免會出現考慮不周全甚至錯誤的地方。這個時候，學會從別人那裡借用智慧、聽取不同的意見就顯得十分重要了。

善於傾聽不同的意見，也就是善於從不同的人那裡借腦，將具有採納價值的進行必要的吸收，沒有採納價值的也不會影響最終的決策，何樂而不為呢？

【閱讀延伸】

春秋時期，晉文公剛即位，之後就開始征發百姓，組織軍隊，訓練作戰。經過兩年的訓練，晉文公覺得百姓們已經有了一定的能力，便想用他們去作戰，以稱霸諸侯。

大臣子犯得知後，趕緊上前勸阻：「經過訓練，百姓們雖然身體強健，有了作戰的能力，可是他們還不懂得義，還沒有各居其位，所以暫時還不能用。」

晉文公聽了，感覺很有道理，於是便想辦法讓百姓知道什麼是義。正在他一籌莫展之時，周朝發生了「昭叔之難」。

昭叔是周惠王的兒子，他和他的哥哥襄王的王后狄隗密謀叛亂。襄王知道後，就廢掉了狄隗。狄隗的娘家知道後非常憤怒，於是便派兵進攻周朝。周襄王被迫逃往鄭國。當時，周朝名義上是各諸侯國的宗主，晉文公了解情況後，便想借幫助周襄王返回周朝一事來教育晉國的百姓什麼是義。晉文公派出左右兩支軍隊，右軍攻打昭叔，左軍去鄭國迎接周襄王回國。事情辦得十分順利，周襄王很快就返回了周朝。周襄王為表彰晉文公的功勞，以天子的禮儀迎接晉文公。可是晉文公卻堅辭不受，他說：「這是臣下應該做的。」

晉文公幫助襄王返回周朝後，馬上回到晉國致力於便利百姓。過

了一段時間後，他發現百姓們全都安居樂業，就認為可以使用百姓了。可是子犯又勸阻道：「現在百姓雖然懂得了義，可是他們還不知道什麼是信，暫時還不能用。」

晉文公覺得子犯說得有道理，便想辦法教育百姓懂得信。他率領軍隊攻打原國，命令士兵攜帶三天的口糧。軍隊圍困原國城池整整三天，士兵們的糧食都吃光了，可是還是沒能攻下原國。於是晉文公就下令撤兵。正在這時，探子回報：「原國要投降了。」有人建議再堅持一下，等待原國投降，可是晉文公卻堅決退兵，他說：「當初我已經說過只攻打三天，所以讓士兵只帶了三天軍糧。現在已經下令退兵了，說話一定要算數。如果不退兵，就是失信，這樣就算得到了原國又有什麼意義呢？」

由於晉文公利用攻打原國教育百姓知道信，所以國內民風大變，凡事以信為本。他們做生意不求暴利，不貪不騙。

看著晉國百姓的變化，晉文公再次想用兵，然而子犯再次出言阻攔：「百姓雖然知道了義和信，可是還不知道什麼是禮，還沒有養成恭謙禮讓的習慣。」

晉文公又一次聽從了子犯的建議，讓百姓在禮儀上下功夫。他舉行盛大的閱兵儀式，每個環節都依照軍禮執行，使百姓看到禮儀；他又規定百官的等級及職責，使百姓知道對什麼職官行什麼禮儀。不僅如此，他還讓百姓們懂得用禮儀來判斷一件事的是非。晉國民風再次得到了大的改變，全國上下一派祥和，人人謙恭有禮，百姓之間禮讓有加。

見此情形，子犯笑著對晉文公說：「主公，現在可以用民了。」

於是，晉文公開始伐曹，攻衛，取得齊國之地，大敗楚軍於城濮，成為春秋五霸之一。

鬼谷子主張，君主不僅在多聽，更應該善聽，對於臣子的進言，要明察秋毫，用自己的智慧去判斷哪些可聽，哪些不可聽。晉文公每時每刻都在想著稱霸諸侯，可是他並沒有急於求成，而是虛心地三次聽取大臣子犯的建議，並不遺餘力地去完成。他的誠心納諫不僅教化了百姓，更成就了自己的霸業。

用賞貴信，用刑貴正

用賞貴信，用刑貴正。[1]賞賜貴信，必驗耳目之所聞見，其所不聞見者，莫不暗化[2]矣。誠暢於天下神明，而況奸者干君。[3]右主賞。

【註釋】

①信：信用。正：公正。②暗化：暗自轉化。③誠：誠信，信用。暢：暢達。干君：冒犯君主。

【譯文】

獎賞臣民貴在恪守信用，懲處下屬貴在公正合理。賞賜貴信，一定要以自己親眼看到親耳聽到的為依據，這樣一來，對那些自己沒有親見親聞的事，也有潛移默化的影響。如果每賞必信，那麼誠信就能夠暢行於天下，達到神明境地，那些想憑奸邪手段求得賞賜的人也會受到感染。以上說的是如何實行賞賜。

【智慧全解】

鬼谷子在此提出了居上位者如何採用賞罰的措施，鬼谷子主張「用賞貴信，用刑貴正」。只有賞罰分明，始終秉持公正才能更好地駕馭人才，成就大業。

古今中外，居上位者都奉行「得人心者得天下」，而要想得到人

心，就要有仁德，也就是要靠賞罰分明來實現。

　　人的心理很微妙，但也很簡單，說白了就是我為你好好幹活，你給我應得的報酬。賞罰問題其實也就是回報的問題。如果某個單位的賞罰不明，那麼員工們就會對自己付出的意義產生懷疑，其積極性就會下降，甚至喪失。所以說，賞罰是居上位者駕馭下屬的手段，是一切用人的原則。只有賞罰分明，罰不避親，刑不畏權，才能令行禁止，讓眾人信服。

　　罰，讓人畏懼，是一種很有效的管理手段。但是罰屬於消極手段，不如賞更能激勵人心。你如果想讓一頭驢死心踏地地為你拉磨，你總是用鞭子抽打是不行的，早晚有一天，驢子會被折磨垮，或者會奮起反抗，掙脫你的束縛，最好的辦法是在驢子眼前掛一把肥美的青草，用美味來引誘它不斷前進。俗話說：「天下熙熙，皆為利來；天下攘攘，皆為利往。」利誘是一種極為有效的差人做事的方法。

　　利益是收穫人心，讓他人盡心儘力的最好的青草。除此之外，人們更需要精神上的鼓勵，而且隨著物質生產水平的不斷提高，人們對精神享受的要求越來越高。人需要在精神上獲得享受，需要得到他人的認可和尊重。為了這種精神享受，有人甘願付出生命。大凡成功人士都善於利用人們的這種需求，從而促進自己的事業走向成功。

　　有賞有罰，公正廉明，是每一個居上位者必備的素質，這種素質不僅彰顯居上位者的氣度與胸襟，更凸顯他的恩德與威嚴，恩威並施，才能無所不包，無往而不勝。因此，鬼谷子才會說：「誠暢於天下神明，而況奸者干君。」這是每一個居上位者「賞貴信，刑貴正」

的關鍵意義所在。

【閱讀延伸】

南宋時期，南寧有一個書生名叫洪邁。此人雖是一介書生，但治亂管理卻很有一套，他曾平息過一次士兵的騷亂。

事情是這樣的：洪邁出任婺州知州後，他發現當地官軍紀律鬆懈，動不動就聚眾鬧事，地方官員根本無力制止。洪邁決定把上任後的三把火由此燃起。

有一次分發軍服，兵士都不想要，而是讓折成現錢發下來，兵士沒有軍服成何體統，管事的官員當然不會答應眾人的要求，於是這些兵士便開始鬧起事來，他們聚集在一起衝進守軍將領的府衙，大喊大叫，吵吵嚷嚷，逼迫著將領答應他們的要求。將領一下子被唬住了，急忙通知官員按士兵的要求去辦。洪邁得知情況後，便決心追究鬧事者的責任，以整治一下軍風軍紀。

可是這幫士兵一向驕縱慣了，哪裡會受洪邁的氣？一群人決定反擊，在城門之上貼出侮辱知州的榜文。洪邁一怒，就抓了鬧事的幾十人。兵士不服，又鬧，他們攔住洪邁的轎子，逼洪邁放人。洪邁鎮定自若，絲毫不退讓，嚴厲地訓斥士兵：「這些人都犯了罪，請問你們與他們是什麼關係？」鬧事者一聽，害怕把自己也抓起來，便一哄而散了。洪邁於是馬上審訊鬧事者。經過審訊，洪邁將帶頭的兩人押到鬧市中心，砍頭示眾，其餘之人有的被罰以黥面，有的被罰以挨板子，總之鬧事者全都受到了懲罰。眾兵士見此景況，再也不敢鬧事了。

宋孝宗聽說這件事後，對宰相說：「都說書生怯懦，不能臨事達權，洪邁的作為充分證明那種說法是不正確的。」洪邁因此被提升為敷文閣待制。

洪邁深諳鬼谷子之「用賞貴信，用刑貴正」的理念，很好地掌握了賞賜和刑罰的度，並在執行刑法時以連帶關係對鬧事者提出警告，以殺雞儆猴的形式很好地制止了騷亂，一介書生能平息兵亂，臨事達權，不失為智者所為。

不恥下問，熒惑不存

一曰天之，二曰地之，三曰人之。^①四方上下，左右前後，熒惑^②之處安在。右主問^③。

【註釋】

①天、地、人：即天時、地利、人和。②熒惑：指受到迷惑、矇蔽。③右主問：上面所說的是針對君主如何發問得到實情。

【譯文】

身為君主，要善於詢問天時、地利、人和。天地上下、東南西北，左右前後都問遍了，哪裡還有什麼被矇蔽和迷惑的地方呢？以上說的是君主要善問。

【智慧全解】

鬼谷子提倡：「一曰天之，二曰地之，三曰人之。四方上下，左右前後，熒惑之處安在。」意思是說把天時、地利、人和，上下左右前後都問遍，就不會有被矇蔽和迷惑的地方了。這樣的人才能成就大業。

問是學習的一個方法，善問，才能學到更多的知識，才能與時俱進，不被時代淘汰。世間萬物都是發展變化著的，知識也是不斷更新著的，即使你是業界出類拔萃的人物，如果不堅持學習，過不了多久

就會落後於人。尤其是在這個知識大爆炸的現代社會中，分工越來越細，你是此行的菁英，卻可能是彼行的門外漢，這是再正常不過的事情，所以我們要堅持學習，努力探索。而學習的一個重要方式就是要善問，向強於自己的人問，甚至向不如自己的人問，這就是孔子所說的「不恥下問」。

任何時候，都不要把向不如自己的人請教當成可恥的事情，當我們做到不恥下問時，就意味著我們在努力探究不懂的問題，積極尋求答案，也意味著我們離成功不遠了。

生活中，有不少人遇到不懂的問題，明明知道身邊有熟悉此方面知識的人，卻因為對方職位低於自己而拉不下面子，放不下架子，寧肯自己慢慢摸索，也不願開口向他人請教。這樣做不僅會阻礙自己的進步，也會影響自己的形象，進而影響團隊目標的達成。

不肯向他人請教問題，往往給人一種傲慢的印象，不利於人際關係的和諧。相反，一個職位高的人，時常向身邊的人請教，不管對方是誰，職位高低，不但不會影響他的形象，反而會使他的形象更加高大。

問是更好地、更便捷地掌握知識的一種渠道，善問，不僅可以促使我們掌握新知識，更是產生新知識的法門。學習貴在質疑，學會質疑，學會發問，才是真正地學習，勇敢地向不同的人發問，將天南地北、天上地下、天時地利都問到，才能成為生活的智者。

【閱讀延伸】

我國著名的大思想家、大教育家、儒家學派的創始人孔子自小就聰明好學，而且十分謙虛，他的一生流傳有很多勤學好問的故事。

孔子三歲那年，父親就去世了，留下他和母親相依為命，日子過得甚為淒苦。儘管如此，孔母還是堅持供養孔子讀書，有時候自己得了重病，也捨不得花錢去看，省下的錢都花在了孔子的學業上。

孔子從小就特別懂事，很有志氣，勤奮好學，而且非常孝順。他知道母親一人供養他很是辛苦，為了減輕母親的負擔，他從很小的時候就開始參加勞動，種過田、起過車，給有錢人家放過羊，鄉親每有婚嫁喪葬之事，他都去給人家當樂隊的吹鼓手。孔子從不為自己家貧而羞恥。童年的苦難，造就了孔子志向高遠、人格高尚的品質，這些品質使他成長為我國儒家學派的創始人和文人學子們的萬世師表。

孔子學識淵博，這都有賴於他不僅喜歡向書本學習，還喜歡四海遊歷，向各行各業的人士以及大自然學習。這一愛好，孔子一輩子都沒有改變過。

有一年，孔子帶著眾弟子遊學歸來，當途經一個小村莊時，看到路邊一戶農家的門上貼著一副對聯特別有意思：「家財萬金不算富，膝下無子亦有福。」孔子讀了幾遍，越讀越覺得有意思，便讓弟子停車，走到了門邊，細細觀看。他沉吟半晌，轉頭看向眾弟子，問：「你們誰讀明白了這副對聯的意思？快說出來聽聽。」孔子掃視了弟子一圈，弟子們全都低下頭，沉默不言。孔子於是說：「既然我們都不明白，走，我們去這戶人家裡問問。」說著抬腳就要往農戶家裡

走，這時一個弟子攔住勸說道：「先生，還是不去了吧。您向一個無知的老農求教，只怕日後會遭人恥笑！」孔子沒有理會那個弟子的阻攔，帶頭進了農家院。農戶一家人迎了出來，熱情地問：「先生來我寒舍，不知有什麼事兒需要幫忙嗎？」孔子上前深鞠一躬，真誠地說：「老人家，打擾了，我從你家門前經過，看到院門上的對聯寫得不錯，可是讀了幾遍，卻沒有明白其中的意思，特來請教主人指點一二。」

老農一聽才明白過來，哈哈一笑道：「哦，這樣啊，這個不難。您聽好，我家世代種田，一直不富裕，可是我有十個女兒，老話說，一個女兒一千金，十個不就是萬金嗎？我沒有兒子，這讓那些有兒子的人看來，我可能是不幸的，可是我有十個女兒，可以給我招來十個女婿，常言說，一個女婿半個兒，您算算我有幾個兒啊？他們全都爭著孝敬我，比起那些有兒子娶了媳婦忘了娘的人來說，我是不是很幸福啊？所以我就寫了這副對聯。先生，您覺得我說得有沒有道理？」孔子聽了連連點頭稱讚。

從老農家裡出來，孔子看了看臉上頗有些不自然的弟子們，嚴肅地對他們說：「你們要知道，學問學問，要想學好，就要勤問，三人行必有我師，任何一個人都有值得我們學習的地方。你們要記住我常說的話：敏而好學，不恥下問。這才是做學問的道理。」

孔子不愧是做學問的大家，他從來不把向學問、地位等不如自己的人請教當成可恥的事情。我們要向他學習，勤奮地學，勇敢地問，只有這樣才能更好地提升自己。

因循賞罰，為上不勞

心為九竅之治，君為五官之長。[1]為善者，君與之賞；為非者，君與之罰。君因其所以求，因與之，則不勞。聖人用之，故能賞之。因之循理[2]，故能長久。右主因[3]。

【註釋】

①九竅：耳、目、鼻各兩竅，口、尿道、肛門各一竅，共九竅。這裡泛指身體器官。治：統治，職掌。五官：《禮記・曲禮》曰：「天子之五官，曰司徒、司馬、司空、司士、司寇，典司五眾。」這裡泛指文武百官。②循理：遵循這樣的道理。③右主因：上面講的是君主如何為政、處理國事。

【譯文】

心是身體各種器官的主宰，君主是文武百官的主宰。對於那些做了好事的臣屬，君主就賞賜他們；對於那些做了壞事的臣屬，君主就懲罰他們。君主順應百官各自的慾望，施行賞罰，那麼治國就不會勞神費力。聖人這樣來運用賞罰，所以能讓賞罰各得其所。君主如果能遵循這個道理來治理國家，那麼國家就能長治久安。以上說的是君主因順形勢、遵循道理的重要性。

【智慧全解】

鬼谷子主張居上位者要因循賞罰的規律，「善者，君與之賞；為

非者，君與之罰」，這樣治國處事就不會勞神費力，國家就能長治久安。

人都是有需求的，身為上位者，應該盡量去滿足下屬的正當合理的需求，以贏得人心，讓下屬們積極主動地為你做事。如果下屬們的合理需求得不到滿足，他們心裡就會有怨氣，這樣一來，他們的工作積極性、主動性就會大大降低，甚至會甩手離去。若任這樣的事情發生，豈不是組織的一大損失？因此，居上位者應該盡量去體察下情，了解下屬們的不同需求，針對不同的情況，盡量去滿足他們。予人一尺，他們必定會回敬你一丈。如果居上位者已經滿足了下屬們的正當合理需求，依然有人抱怨不止，或跳槽而去，那麼，居上位者就能收穫同情和理解，而抱怨之人就成為他人眼中的無情無義之小人。

人的需求有很多，即使同一個人在不同的時期也會有不同的需求，但人們最大的需求基本上有三樣：金錢、尊嚴、立功機遇。這三種需求是每一個有上進心者都在孜孜追求的東西。居上位者要擦亮眼睛，仔細揣摩下屬之所想，適時慷慨地滿足各位下屬的需求，就一定能贏得對方的支持和忠心。其他人見到如此的上司，一定也會爭相歸附，而那些已經歸附的人更加自我鼓勵，以爭得令其他人羨慕不已的利益。一旦大家都收穫到自己所想要的，那麼居上位者就離成功不遠了。

當然，人生在世，當柔則柔，當剛則剛，該賞則賞，該罰則罰，只賞不罰，只會讓人心生傲慢之情，只罰不賞則會讓人心生警惕，只有賞罰結合，威嚴相濟，才能收到良好的效果。

【閱讀延伸】

清代道光年間，浙江秀水縣來了一個清正廉明的縣官，名叫江忠源。此人不僅仁義公正，而且善於御人，治理有方。

當時江浙一帶正暴發了水災，一上任就碰到這種事，江忠源實在是頭疼不已，無奈只得把所有精力都投入到賑災之事上。由於政府撥發的糧款有限，根本無法顧及所有災民，一時間，災民們苦不堪言，再加上一些商人趁機哄抬糧價，百姓們更是怨恨不已，民怨四起。災民實在走投無路，就哄搶了幾家米店和一些富戶，社會秩序一片混亂。

這一下，江忠源這個父母官可忙壞了，既要制止商人的不法行為，又要安撫災民，阻止他們再生亂事。好在江忠源智慧不淺，他先是用武力制止了哄搶事件，逮捕了一百多個帶頭之人，處死了一名重犯，來了一個殺一儆百。然後，他馬上著手解決百姓們的生活問題，多方籌集賑災糧款。他想到了當地的一些富商，想讓他們出點錢，可是那些人誰會願意出錢呢？江忠源開始了謀劃……

他下令把全縣的紳士富戶召集到城隍廟內，然後聲情並茂地對大家說：「鄉親們，今年我縣水災嚴重，災民多，可是賑款少，希望大家能夠多捐錢糧，為百姓們出一份力。凡多捐者，官府頒給『樂善好施』的牌匾，而且還要披紅掛綵，予以表彰。如果家裡有錢糧，卻不肯捐獻、見死不救者，官府也要給他送一塊匾，上面寫著『為富不仁某某人』，懸掛在這家的大門上，並且不經官府批准，不能把牌匾摘下。另外，凡是得到『樂善好施』牌匾的人家，官府還發給他一張

『禁搶告示』的掛幅，可以貼到這戶人家的門口，如果誰再來他家哄搶，一律處死。」

聽了江忠源的這一席話，紳士富戶們都擦汗不已，他們壓力大啊，為了不落下壞名聲，而且更想得到官府的保護而避免災民哄搶，他們紛紛表示願意捐款捐糧。沒過幾天，江忠源就收到了十萬餘兩銀子的捐款。

有了錢糧，百姓們不再擔心挨餓，民心也就安定了。

為了防止賑災糧款被一些官員貪墨，江忠源親自上陣督辦，賑務完成得較為順利。解決了百姓吃飯問題，就該解決那些被捕的哄搶犯了，對這些人，江忠源這樣說道：「這些搶劫犯，犯的是斬、絞、軍、流的罪行，理當重罰，可是他們是因為飢餓才做出那樣的事情的，實屬情有可原，與正常時期的犯罪不可相提並論。以我看，就枷杖發落吧！」這些哄搶犯都得到了從輕處置。

秀水縣父母官江忠源深諳賞罰之道，他對富戶紳士所說的那一番話可謂是恩威並施、威逼利誘，有效地制止了混亂的局面，解決了賑災之難題，樹立了自己的威信。

人主貴周，不周生亂

人主不可不周，人主不周①，則群臣生亂。家於其無常也，②內外不通，安知所開。開閉不善，不見原也。③右主周。

【註釋】

①周：周密，全面。②家：居。其：此指群臣。③開閉：即捭闔。善：得其法。原：本原。

【譯文】

君主做事不可以不周密，要善於平衡各方的利益；如果君主做得不周密，那麼大臣之間就容易發生動亂。大臣們處於無常狀態，內外信息無法暢通，君主怎麼能夠知道問題出現在哪兒呢？如果君主不能成功解開與大臣之間的誤會，並找到解決問題的方法，就無法知道問題產生的根源。以上說的是君主做事周密的重要性。

【智慧全解】

鬼谷子在此再次強調了做事務必周密的重要性。鬼谷子認為，你可以不強勢，不威武，但必須周密，做起事情來要有計劃，有條不紊，不急不躁，成竹有胸。如果做不到這些，你在社會上就很難成功。

周密包括幾個方面：一，說話要周密。口無遮攔、喜吹牛皮、亂

許諾言的人必然會麻煩不斷，難堪無窮。一個周密的人絕對不會說一些沒有任何意義的空話、虛話，周密的人一向嚴於律己，對自己所說的每一句話都慎之又慎，就算是只有自己一個人時，也會遵照慎獨的觀點，嚴格把控自己的情緒，不給自己留下一丁點的隱患。

二，交友要周密。我們都是生活在人群中的，任何人也不可能擺脫環境而獨善其身，而環境對一個人的影響是極大的，「近朱者赤，近墨者黑」說的正是環境的影響作用。因此，我們交友一定要謹慎、周密，不可交上污友、損友，以防耳濡目染，受到壞的影響，影響了自己的前途。

三，做事要周密。縱觀歷史，因為行事不周密而功虧一簣的人不計其數。人生就如在大海中行船，必然會經歷險灘、風浪、隱石暗礁，稍有不慎，就可能船毀人亡。因此，無論生活波折還是平淡，我們都要時刻提醒自己，行事周密，謹慎小心。

四，身在職場更要周密。職場如戰場，複雜多變，理應本著一顆周密嚴謹之心以待之。這樣才能在職場中走得順暢一些。

總之，大到國家，小到個人，無不處於激烈的競爭之中，要想在其中立於不敗之地，就必須暗中謀劃，周密行事，否則，必然無端生出麻煩，正如鬼谷子說：「人主貴周，不周則群臣生亂。」只有計劃周密、做事謹慎，才能穩紮穩打，步步為營，順利到達勝利的彼岸。

【閱讀延伸】

西漢時期，漢武帝手下有一員大臣名叫霍光，他是霍去病的弟

弟，頗受漢武帝寵愛。漢武帝駕崩時，就把年幼的漢昭帝囑託給了霍光，讓其行周公之權輔佐漢昭帝。

西元前七十四年，漢昭帝駕崩，可是昭帝沒有生下兒子，霍光與眾大臣商議後，就將漢武帝的孫子昌邑王劉賀扶立為天子。

劉賀無才無能，卻貪圖享樂，荒淫無度，上位時帶著兩百多人從封國昌邑到了京城長安，短短二十餘天就做了一千多件荒唐事。霍光見此，甚為憂慮，擔心國家會敗在劉賀手上，於是便產生了廢掉劉賀的念頭。可是他儘管行使著治國之權，卻畢竟是位臣子，以臣廢帝，可是大逆不道，無論出於何種目的，也會被稱為亂臣賊子，肯定會給整個家族帶來滅頂之災。霍光為難了，然而，一想到漢武帝的厚恩，霍光又實在不忍眼睜睜地看著大漢王朝被劉賀敗壞下去。怎麼辦呢？

兩難之下，霍光找到大臣田延年商議，田延年聽了霍光的擔憂後，建議道：「大將軍是國家的柱石，如果覺得此人不堪擔負國家社稷之重任，為什麼不奏明太后，另立賢君呢？」

霍光問：「如今我們所想之事，在古代可有同樣的事情嗎？」

田延年回答道：「殷商相國伊尹為安社稷，放逐殷帝太甲，後世都稱其為大忠。將軍如今如果能行此事，那將軍就是我大漢的伊尹。」

聽到田延年這麼一說，霍光的心堅定了，決心行廢立之事。後來，他又找到了車騎將軍張安世，取得了他的支持。

做好這一切後，霍光便在未央宮召集文武百官，等所有人都到齊

後，霍光對大家說：「昌邑王做事荒唐，導致朝野混亂，我擔心他的所作所為會破壞社稷安寧，大家認為呢？」

大臣們一聽，全都震驚得變了神色，誰也不敢多言一句。

這時，田延年走到前面，手按寶劍，環視大臣一圈後，說：「先帝將幼主和天下託付給大將軍，是因為大將軍忠誠賢能，能安劉氏天下。現在昌邑王鬧得百姓怨聲四起，社稷不穩，再說了，大漢歷代先帝都以孝為先，所以才得以長治久安，令宗廟能夠安享祭祀。如今漢家絕嗣，就算是大將軍以死謝罪，又有何面目去九泉之下見先帝呢？今天所議之事，不能有半點猶豫，有反應遲鈍或不予以支持的，臣就拔劍殺了他！」

眾大臣全都驚恐不已，馬上叩頭高呼：「萬民之命都繫於大將軍，臣等都聽大將軍的吩咐。」

就這樣，霍光得到了所有大臣的鼎力支持，然後他便奏請太后，說劉賀無德，不堪擔負國之重任，太后下詔廢掉了劉賀。霍光將劉賀廢黜後，迎立漢武帝衛皇后所生戾太子之孫劉病已為帝，是為漢宣帝。

在這段歷史中，霍光的謀劃可謂是周密而謹慎，他有廢帝之心，卻不想擔負亂臣賊子之名，於是便一步一步地謀劃，取得大臣的支持；他不方便恐嚇群臣，就由他的支持者田延年來做這件事，令群臣都成為廢黜劉賀的參與者，這樣做就保證了霍光的安全，群臣也就不敢再給霍光扣亂臣賊子的帽子了。

謙恭為上，洞悉天下

一曰長目，二曰飛耳，三曰樹明。①明知千里之外，隱微之中，是謂洞天下奸，莫不暗變更。②右主恭③。

【註釋】

①長目：使眼睛能看到很遠的事物，猶如千里眼。飛耳：使耳朵聽得更遠，猶如順風耳。樹明：建立蒐集情報信息的聯絡點，讓自己始終處於洞明的狀態。②隱微：隱蔽微小的事情。洞：洞察，明察。暗變：暗中改變。③恭：肅靜，這是對君主外在表情的要求。

【譯文】

要使眼睛看得更遠，耳朵聽得更遠，而且還要建立蒐集信息情報的聯絡點，讓自己始終處於洞明一切的狀態之中。要清楚千里之外的情況，了解隱秘細微的事情，這就叫洞察一切，這樣一來，天下任何奸邪之徒都會慢慢轉化、改變。以上說的是君主在表情上要做到恭。

【智慧全解】

一個人要想洞悉一切世事，就要看得遠，聽得遠，思慮周全，如果自己的眼睛不夠亮，可以藉助天下人的眼睛；如果自己的耳朵聽不遠，可以藉助天下人的耳朵；如果自己的思慮不夠周全，可以藉助天下人的思維，這正是鬼谷子所說的「一曰長目，二曰飛耳，三曰樹

明」，建立蒐集信息情報的聯絡點，這樣自然能夠洞悉一切，躲過無妄之災。

俗話說：明槍易躲，暗箭難防。張揚的敵人好防備，倒是那些故作柔弱的奸邪之徒難以提防。

一隻狐狸，飢餓難耐，在外尋覓了三天了，也沒能找到一點兒吃的。正當狐狸餓得快走不動時，突然看到河邊站著一隻仙鶴，看上去剛沐浴完畢，正在等風吹乾羽毛。

仙鶴也看到了狐狸，見它一副病快快的樣子，便關切地問：「狐狸先生，你看上去很虛弱啊，你身體還好嗎？」

狐狸聽到仙鶴的話，眼睛滴溜溜一轉，計上心來，於是便打起精神，笑呵呵地回答：「謝謝你的關心，我很好。」然後湊近一步，問仙鶴：「仙鶴兄弟，我聽說你是最聰明的動物，我有些問題想請教你一下。」

仙鶴高興地說：「你想問什麼呀？」

「如果風從北邊吹過來，你的頭會朝哪個方向轉啊？」

「當然是朝南轉了。」

「如果風從東面吹過來，你的頭朝哪個方向轉啊？」

「朝西。」

「呵呵，仙鶴，看來眾人所言不假啊，你果然很聰明！」

狐狸的這句話直誇得仙鶴暈了頭，忍不住得意地昂起了頭。狐狸趁此又上前一步，問：「那如果風從四面八方吹過來呢？」

　　此時的仙鶴已經被狐狸吹捧得暈頭轉向了，它想也不想就得意地回答道：「那我就把頭埋進翅膀裡啊。」說著，便做給狐狸看，把頭埋進翅膀裡去了。就在這時，狐狸上前一步撲了過去，一口咬住了仙鶴的脖子。

　　如果仙鶴真的很聰明的話，也就不會成為狐狸的腹中美味了。

　　一個人不聰明不可怕，但要懂得看清問題的本質，認清人的善惡。如果自己看不清楚，可以藉助別人的眼看。而這一切最為關鍵的一點就是謙恭，只有持有謙恭的態度，才能蒐集到眾人的信息。很明顯，這只仙鶴不懂得這個道理，所以便落入了狐狸之口。

　　如果你想洞悉天下，就要謙恭地向別人打聽，通過別人來蒐集信息，一個人不行，就多找幾個人做參謀，從多條信息中找出破綻，分析出誰忠誰奸，自然就能洞察事情的本質了。正如鬼谷子所說「明知千里之外，隱微之中，是謂洞天下奸，莫不暗變更」。這樣一來，誰還能奈何得了你呢？

【閱讀延伸】

　　春秋時期，魯國大夫季武子沒有嫡子，只得在庶子中選繼承人，沒嫡則應立長，本應立庶子中最年長的公彌，可是季武子卻極為寵愛悼子，一心想立悼子為繼承人。

有一天，季武子詢問家臣申豐說：「公彌和悼子我都很喜歡，但我想選擇一個有才能的兒子為繼承人。」申豐聽後立馬掉頭回家了，然後就打算帶著全家人出走。幾天後，季武子又向申豐詢問這個問題，申豐回答說：「如果真的這樣做的話，那我就得套上馬車離開了。」這樣一來，季武子就不再與他討論繼承人的問題了。

　　後來，季武子又拿著這個問題去詢問臧孫紇，臧孫紇回答說：「如果你宴請我喝酒，我就支持你立悼子為繼承人。」季武子便招待大夫們喝酒，並把臧孫紇奉為上賓。

　　酒過三巡，臧孫紇命人朝北鋪上兩層蓆子，換上嶄新的酒杯然後請出悼子。臧孫紇走下台階迎接悼子，大夫們全都站起來。等到禮儀完畢，眾人開始相互敬酒時，季武子才召見公彌，並讓他與賓客們坐一起。給公彌這樣的待遇，按當時的禮儀來講，就是以士人的禮節對待他，這就很明確地告訴公彌，將來他不會繼承季武子的爵位。這樣做實在是太露骨了，季武子見了，覺得很意外，當時臉色都變了。

　　季武子欲蓋彌彰地上前撫慰公彌，讓他擔任馬正，可是公彌已經明白了季武子的用意，非常惱怒，不願接受馬正一職。閔子馬見到公彌，勸說道：「你這樣做是不對的。是福是禍，全在於自己。做兒子就應該以孝為先，而不是只顧著地位。只要恭敬地對待父親的命令，事情是不會固定不變的。如果你能夠做到恭敬孝順，將來你肯定能比悼子富很多。」

　　公彌聞之，覺得有理，就恭敬地早晚向季武子請安，謹慎地履行職務。季武子很是喜悅，讓他招待自己喝酒，並且自己帶著宴會用的

器具，之後把這些器具全部送給了公彌。公彌變得越來越富有了，後來，公彌又出仕魯君，做了魯君的左宰。

以一己之力往往認識不到事情的本質及後果，只有以他人為耳目，多聽他人的意見，才知道事情的真偽。公彌聽從了閔子馬的勸說，選擇謙恭地對待父親季武子，取得了季武子的信任與喜歡，雖然沒當上繼承人，卻避免了災禍，獲得了財富。

名實相生，反相為情

　　循名而為，實安而完。[①]名實相生，反相為情。[②]故曰：名當則生於實，實生於理，理生於名實之德，德生於和，和生於當。[③]右主名。

【註釋】

　　①循：順，依照。名：名分。實安而完：按實際定名分。②相生：相互化生，相輔相成。反相為情：名分與實際相為本性。③當：適當，恰當。理：道理，此指對事物的正確認識。德：同「得」，相得，相當。 和：吻合。

【譯文】

　　依據客觀事物的名分去考察事物的實際，按照客觀事物的實際來確定事物的名分，使名分與實際相符合。名分和實際相互依存，互為表裡，這本是事物的常情。所以說，適當的名分是由於其符合實際；事物的實際是由事物的理決定的，而理也是產生於名實的德，名實之德產生於名分與實際之間的相互符合，只有兩者相互符合，取名才會恰當。以上說的是名實相符的重要性。

【智慧全解】

　　鬼谷子在此提出了「名實相生，反相為情」的理論，主張名分與實際相符合，才是事物的常理，如果名與實不相符就容易產生動亂。

名，名利、地位。人們都認為，名，可以提高自己的知名度，可以讓人名垂青史，所以大多數人都在拚命地追名逐利，甚至不擇手段。殊不知，追求名利，尤其是純粹為了出名而不擇手段做事，最後受到損害的必然是自己。過於在意自己名聲的人，往往做事張揚。總是行走在名聲的光環下，就容易產生虛榮之心。一旦張揚過度，就會招人嫉恨。世間不是有槍打出頭鳥的說法嗎？招搖必然會招惹是非。一個虛榮心過強的人，做事就會只關注面子工程，做起事來就會慢慢地偏離事情解決的正常軌道，最終導致自己功虧一簣。

由此可見，名利、地位並不像世人想像的那樣總是給人帶來好處，一不小心，就可能給我們帶來滅頂之災。聰明之人素來視名聲為過眼雲煙，總是以實幹的精神努力讓自己發展成實力派。只有具有實力才能讓眾人信服、敬佩。

生活中，越是有才智的人學習越深入，見聞越廣博，往往越覺得學海無涯，而自己能力有限，為人處世也會越謙和。這種人從來不四處招搖，炫耀自己的學識淵博，從不四處博取好名聲。只有那些學識淺薄之人才會到處招搖，誇誇其談，唯恐他人不知道自己。殊不知，鋒芒外露的人名聲、地位越高，將來有可能摔得越慘。因為一個人再有才，再有名，也只是一個人，假如做事不得人心，必然會招致眾人的鄙視與反對，眾人的力量積少成多，最後肯定能拖垮你。

大家都熟知的《狐假虎威》的寓言充分說明，徒有虛名早晚有一天會被揭穿，到那時，帶來的不僅僅是尷尬和難堪了，很可能帶來更大的災難。

只有名副其實，名實相符，才會給人帶來永遠的安全與榮耀。所以，在任何時候，我們切不可只誇大自己的名聲，而忽略了自己的實力，只有不斷增強自己的實力，拋開虛榮的束縛，才能生活得輕鬆、快樂。

【閱讀延伸】

《三國演義》中，東漢末年，劉備三顧茅廬，才請得諸葛亮出山，擔任了自己的軍師。當時諸葛亮還很年輕，一個毛頭小夥子被劉備奉若上賓，動不動就誇讚說：「得孔明，我如魚得水。」劉備的眾部將哪裡能服氣呢？劉備的拜把子兄弟關羽、張飛就是兩個最不服氣的人。

諸葛亮到劉備手下後，只是教練民兵，一身才華絲毫沒能施展，三千兵馬一直迴旋於新野彈丸之地。

就這樣過了一段時間，突然有探子來報，曹操派出大將夏侯惇、于禁率領十萬大軍直奔新野殺來。劉備頓時慌了神，馬上召集眾將商議應對之策。

關羽和張飛瞥了一眼諸葛亮，挖苦道：「主公何不讓孫明先生去抵抗呢，他那麼有本事。」

諸葛亮當然很清楚此話中的意思，知道眾人對自己很不服氣，於是便向劉備要來尚方寶劍，開始分派任務：「關羽領一千人在豫山埋伏，敵軍來就放過，只等南面火起，就可驅兵出擊，從後面燒燬他們的糧草。張飛帶一千人去安林背後埋伏，看南面火起，便可出擊。關

平帶五百人，預備引火之物，到博望坡後等候，到初更天敵人到來，便可放火。樊城趙云速回，讓他作先鋒，交戰時只要敗，不要勝。主公自帶一支軍隊作趙云後援。你們各按計劃行事，不得有誤。」

所有任務都分派了出去，分任務者諸葛亮卻沒有半點任務，關羽心裡很不舒服，便冷冷地問：「我們都出城了，那軍師做什麼呢？」

諸葛亮絲毫不以為意，坦然地回答說：「我坐守縣城。」

張飛一聽哈哈大笑，說：「你說啥，讓我們都去跟敵人拚殺，你卻在縣城裡逍遙自在，那讓我來陪著軍師，可好？」

諸葛亮喝道：「寶劍在此，違令者殺！」

儘管關、張二人儘管心中怒火直冒，但看一眼諸葛亮手中的尚方寶劍，也只得領命而去。其他將士內心也在打鼓，包括劉備，也是疑惑不安。諸葛亮安慰道：「主公不要擔心，今天便帶兵到博望坡下屯駐。明日黃昏，敵軍必到，主公便棄營撤退，見火起就回軍掩殺。我在此準備慶功宴等你。」

這邊夏侯惇、于禁率大軍到達後，趙云領兵來戰，夏侯惇與之交戰幾個回合，趙云且戰且退。夏侯惇大笑道：「諸葛亮居然敢派出這等人馬與我對陣，不等於是驅狗羊同虎豹決鬥嗎？虧得徐庶在丞相前誇口說諸葛孔明如何了得，我看他也是蠢物一個。」

部將韓浩說：「將軍，趙雲急於撤退，恐怕有埋伏。」

夏侯惇說：「敵軍兵力如此微弱，就是十面埋伏，我怕什麼！」

直追至博望坡，劉備領兵來戰，幾個回合後，同趙雲一起撤退。夏侯惇對韓浩笑道：「哈哈，這就是所謂的伏兵嗎？繼續追擊劉備，今晚不踏平新野，我誓不收兵。」

天色漸漸黑了下來，夜風也越來越大。夏侯惇發現兩邊都是蘆葦的狹窄山路，正準備撤兵時，突然後面的糧草起了大火，兩邊蘆葦也著了火，一時間，火借風勢，風大火猛，迅速綿延一片。

夏侯惇、于禁和韓浩返回救糧草，卻見劉備和趙雲回軍追殺而來，夏侯惇趕緊往博望坡回轉，卻被關羽的軍隊攔住廝殺，又有張飛伏兵。曹軍頓時大亂，自相踐踏，死者不計其數。

眾將依計一直殺到天明，劉備才勝利收兵，直殺得曹軍屍橫遍野，血流成河。夏侯蘭死於馬下，韓浩奪路逃脫，夏侯惇收拾殘部，狼狽返回許昌。

劉備大軍得勝歸來，諸葛亮搖著羽扇迎了上前，這一仗讓關羽、張飛及諸將都見識了諸葛亮的本事，只見關、張二人一齊拜伏在諸葛亮面前，說：「以前是我們有眼不識泰山，今日一戰方知軍師不愧是英才啊，以後我等任由您差遣。」

在過去，劉備等人只是聽說了諸葛亮的大名，卻從未見識過他的實力，所以都對他有所懷疑，尤其是關羽、張飛二人看到劉備如此器重諸葛亮，心裡更是不服。經過博望坡一戰，諸將才真正認識到了諸葛亮的真本事。諸葛亮用自己的實力證明了自己並不是浪得虛名，徹底征服了關羽、張飛等人。自此，在眾人心中，諸葛亮才真正成了名副其實的軍師。

後 記

　　本書在出版的過程中，得到了李華偉、林中華、李華軍、范高峰、林學華、張慧丹、林春姣、李雄傑、劉豔、李小美、林華亮、陳聰、曹陽、李偉、曹馳、龐歡、劉豔、張麗榮、李本國、林曉桂、李澤民、龔四國、周新發、林紅姣、林望姣、李少雄、陳志、向麗、楊城、曹茜、楊衛國、孔志明、葉超華、金澤燦、羅斌、趙志遠、汪建明、翟曉斐、林承謨、曹雪、林運蘭、曹建強、陳娟、許偉、曹琨、曹霞、丁豔麗、金澤燦、林葳、梁曉丹、趙生香、丁彥彬、李雄傑、張培玉、邵鑫、朱成蘭、王曉玉、常志強、李友仙、蔣永紅、張宏洲、李華軍、張紅平、李麗芬、林麗娟、李伏安、丁一、劉屹松、林喆遠、張恆、周宣、辛大念、孟凡君、陳豔、蘭豪、陳勝、吳露、陳豔威、任勤超、張楊玲、陳怡祥、趙豔霞、王甫東、王智利等不少同仁的支持和幫助，在此特表示深切的謝意！

盛神法五龍①

　　盛神中有五氣，神為之長，心為之舍，德為之大，養神之所歸諸道。②道者，天地之始，一其紀也③，物之所造，天之所生，包宏無形，化氣，先天地而成，莫見其形，莫知其名，謂之神靈。故道者，神明之源，一其化端④。是以德養五氣，心能得一，乃有其術⑤。術者，心氣之道⑥所由舍者，神乃為之使。九竅十二舍者，氣之門戶，心之總攝也。⑦生受於天，謂之真人⑧。真人者與天為一。

　　內修練而知之，謂之聖人，聖人者，以類知之。⑨故人與一生，出於物化⑩。知類在竅，有所疑惑，通於心術，心無其術，必有不通。其通也，五氣得養，務在舍神，此謂之化。化有五氣者，志也、思也、神也、德也，神其一長也。靜和者養氣，氣得其和，四者不衰，四邊威勢，無不為存而舍之，是謂神化。歸於身，謂之真人。真人者，同天而合道，執一而養產萬類，懷天心，施德養，無為以包志慮思意，而行威勢者也。士者通達之，神盛乃能養志。

【註釋】

①盛神：使精神旺盛。法：效仿。五龍：五行之龍。此指五行之金、木、水、火、土的神氣。意思是說五氣在人體之內的運行猶如龍一般，盛神者須養五氣。②五氣：指心、肝、脾、肺、腎等五臟的精氣，表現為神、魂、魄、精、志。長：統帥，主宰。舍：依託之處，居宿的地方。德為之大：有道德制御神氣可以使精神壯大。③一其紀也：一是它的開始。紀，基礎。④一其化端：意謂道是世上萬物化生的統一本原。端：開端，本原。⑤術：外在的道術、方法。⑥道：同「導」，導出，生發。⑦九竅：雙眼、雙耳、雙鼻孔、口、尿道、肛門。十二舍：指人體之心、肺、肝、膽、羶中、脾、胃、大腸、小腸、腎、三焦、膀胱十二官。門戶：通道。總攝：總管，統領，制約。⑧真人：與自然合一之人。⑨內修練而知之：通過後天修養訓練而得知種種道術。以類知之：根據同類事物的品性來推理認識萬事萬物。⑩物化：化於物，隨著外物的不同而發生變化。⑪竅：即九竅。心術：心對九竅的支配是通過氣來交流的。⑫務在舍神：務必讓神氣歸宿於心。⑬靜和：安靜祥和。四者：指志、思、神、德。⑭執一：執道，堅守無為。心：生養萬物之心。天主生。德養：以德養化萬物。地主養。

【譯文】

旺盛的精神中有精、神、魂、魄、志五氣，神氣是五氣的統帥，心是居所，有道德統御神氣，可使精神壯大，養神的辦法是讓心與大道和諧統一。道是天地的開始，一是基礎，世間萬物都是由道化育化

生的，道包容廣大，恢宏無形，化養五氣，在天地產生之前就形成了，既沒有見過它的形容，也沒人知道它的名稱，所以稱它為「神靈」。所以說，道是神靈的本原，一是道變化的開端。因此，以德來養育五氣，只有心合於大道，才能找到方法。這種方法就是把心之氣從所能駐守的地方引導出來，神就產生了。人體的九竅和十二個中氣止息之處是氣出入的通道，是心的總開關。生來就具備種種道術的人，叫作真人。真人能與天地萬物融為一體。

通過內在修養訓練而體會出道的人，叫作聖人。聖人是通過觸類旁通而認識道的。所以人雖然與一同生，內在的本性是相同的，卻隨著沾染外物的不同而發生變化。人通過九竅等感官來認識同類事物，假如感覺不能直接感知，就必須藉助心來思維，如不能感知，就說明心與九竅之間的氣不暢通，思路就會堵塞，無法認識事物。如果思路暢通，五氣就能得到養頤，這時要努力讓神氣歸宿於心，這就叫作「化」。五氣變化能產生志、思、神、德等不同效果，而神則是其中的統領。安靜祥和就能養氣，五氣融合為一，則志、思、神、德就不會衰竭，四者旺盛便導致威勢散發，威勢散發則能無所不為。如果能將這種威勢存於內心，就叫作「神化」。歸於肉體，就成了真人。真人能與天地合於大道，堅守「一」而化生萬物，上懷著天生物之心，下懷大地養物之德，以無為之道來指導思慮，通過這種途徑來散發威勢。士如果能通曉了這番道理，精神便會旺盛充沛，就能長養志意。

養志法靈龜①

養志者，心氣之思不達②也。有所欲，志存而思③之。志者，欲之使④也。欲多則心散，心散則志衰⑤，志衰則思不達。故心氣一，則欲不惶⑥；欲不惶，則志意⑦不衰；志意不衰，則思理達⑧矣。理達則和通，和通則亂氣不煩於胸中。⑨故內以養志，外以知人。養志則心通矣，知人則職分⑩明矣。

將欲用之於人，必先知其養氣志，知人氣盛衰，而養其志氣，察其所安，以知其所能。志不養，則心氣不固；心氣不固，則思慮不達；思慮不達，則志意不實；志意不實，則應對不猛；應對不猛，則志失而心氣虛；志失而心氣虛，則喪其神矣。神喪則彷彿，彷彿則參會不一。養志之始，務在安己。己安則志意實堅，志意實堅則威勢不分，神明常固守，乃能分之。

【註釋】

①養志法靈龜：意指培養意志要效仿靈龜，像靈龜那樣把頭四肢尾巴縮在一起，此處取其「集中」的意思。志，意志。靈龜，古人認為龜有靈性，故稱靈龜。②思不達：思路不暢通。思，思緒，思路。③思：思慕，想念。④使：驅使。⑤衰：衰減。此句指明縱慾者不能養志。⑥惶：心神不安。⑦意：「志」的心理反應。⑧思理達：思維暢通。⑨和：和氣。亂氣：心氣被堵塞後而亂行之氣。煩：糾纏，煩擾。⑩職分：職責分明。⑪養其志氣：以養志氣的方式為對方培養氣

和志。所安：對方心思所在的地方。所能：對方能做的事情，意指對方的能力、才幹。⑫固：固定。⑬應對不猛：應變能力不強，不能對緊急情況做出迅速反應。⑭彷彿：心意徬徨，精神恍惚。參會不一：指志、心、神三者不能協調配合。⑮安己：使自己心安神靜。⑯威勢：精神氣勢。神明：人的精神。分之：即分散他人的威勢。

【譯文】

養志是因為心神思慮不暢通。要使思路暢達，必須養志。人如果有了某種慾望，內心就有了志，志是受慾望驅使的。人的慾望一旦過多，心氣就無法集中，心氣不集中，志就會衰減，志衰減，思慮就不暢通。所以，心神專一了，慾望就不會擾亂心神；慾望不擾亂心神，志及其表現出來的意圖就不會衰減；意志不衰，思維就會暢通無阻。思慮暢通了，心氣就能平和地運行，心氣平和通暢運行，心中就不會煩亂了。因此，一個人內涵養志，就可以通過外在表現了解他人。養志若能做到心氣通達，了解他人就能夠做到人盡其用。

要想用養志的辦法去考察他人，就必須先知道他人養氣和養志的功夫，知道他人的心氣是盛是衰，換句話說，通過養志的方法為他人培養志和氣，來觀察對方的心意反應，察知對方的思路所在，了解他的才能。若不養志，心氣就不安定；心氣不安，思慮就不通達；思慮不通，反應在心理上就會使志、意不充實；志、意不實，對事情的反應及給出的對策就不迅捷、靈敏；反應不敏反過來折射到內心，就會造成志失和心氣虛；志失和心氣虛則導致神氣喪失。神氣喪失會使人精神恍惚、意識渙散，進而導致志、心、神不能相互溝通協調配合。

養志的開始，一定要讓自己安靜下來。只有自己安靜了，志、意才能充實、堅定；志、意充實堅定了，威勢就會凝聚不散，人的精神就能固守於體內，這樣才能分散他人的威勢。

實意法螣蛇①

實意者，氣之慮②也。心欲安靜，慮欲深遠。心安靜則神策③生，慮深遠則計謀成。神策生則志不可亂，計謀成則功不可間④。意慮定則心遂安，心遂安則所行不錯，神自得矣，得則凝。⑤識氣寄，奸邪而倚之，詐謀而惑之，言無由心矣。⑥故信心術，守真一而不化，待人意慮之交會，聽之候之也。⑦

計謀者，存亡之樞機。慮不會，則聽不審⑧矣，候之不得。計謀失矣，則意無所信，⑨虛而無實。故計謀之慮，務在實意，實意必從心術⑩始。無為而求安靜五臟，和通六腑，精神魂魄固守不動，乃能內視、反聽、定志。慮之太虛，待神往來。以觀天地開闢，知萬物所造化，見陰陽之終始，原人事之政理，不出戶而知天下，不窺牖而見天道，不見而命，不行而至。是謂道知，以通神明，應於無方，而神宿矣。

【註釋】

①實意法螣蛇：螣蛇游霧，變化飛翔，無處不在，所以說充實意念要傚法螣蛇。螣蛇：傳說中一種會飛的神蛇。②慮：思慮，與「氣」相應，受心氣主宰。③神策：神奇的策略。④間：離間，阻止。⑤遂：順暢。錯：差錯、錯亂。凝：凝結。此指（神氣）集中。⑥識氣寄：心裡有所惦記的東西。言無由心：言不由衷。⑦信：信守。真一：真氣。化：變化，改變。候：靜候。⑧審：清楚，明白。

⑨意無所信：意念中沒有讓人信任的東西，指信息不真實，計謀不周全。信，確信、確實。⑩心術：靜心之術。⑪五臟：心、肝、脾、肺、腎。此指五臟之氣。和通：和氣通暢。六腑：指胃、膽、三焦、膀胱、大腸、小腸。此指六腑之氣。內視：不用眼睛觀察而用心體察。反聽：不用耳朵諦聽而運用意念感覺體內之聲。⑫太虛：思慮達到沒有一絲雜念的境界。⑬人事之政理：國之大事中管理人民的道理。⑭道知：無為而知。無方：沒有方法。

【譯文】

實意，就是充實心的思慮，即充實思維能力。思慮的時候要心平氣和、思慮深遠。心境要平和寧靜，這樣思慮才能深遠周到。心安靜，就能產生神奇的策略；思慮深遠周到，計謀就會成功。神奇的策略產生，志就不會煩亂；計謀成竹在胸，成功就沒人能夠阻擋。意慮安定了，心就會安定，心安定了，行動就不會出差錯，行動不出差錯，精神就會飽滿，精力就會集中。內心有所牽掛，就無法專心致志，奸邪就會乘虛而入糾纏於胸中，這樣就有可能被對方的陰詐計謀所迷惑，那麼就會言不由衷。要相信淨心之術，守住真氣，使之不外流，安神靜氣，等人的精神高度集中，「意」和「慮」之間產生了相互交感的「實意」狀態之時，就可以聽任等待事物的任何變化了。

計謀策略，是生死存亡的關鍵。假如內心的意和慮不交會，那麼表現在外的聽言就會不審慎，就無法從他人那裡得到信息。計謀如果失敗，就會導致意慮，意慮就沒有實意。因此，在計謀開始之時，一定要做到實意，而且必須從靜心之術開始。靜心之術指的是，以無為

之道為基礎，安靜五臟之氣，讓六腑之和氣運行暢通，精神魂魄固守不動，這樣才能做到用心去看，用心去聽，最後達到安定的狀態。思慮達到沒有一絲雜念的境界，精神就會自由往來。在這種狀態下，來看天地開闢，知悉萬物化生之規律，看陰陽的起始變化，推理國家大事中如何管理人民的道理，做到不出門也能知天下之大勢，不看窗戶也能知曉自然之道，不等事情發生就能準確預知並發布命令，不做事就能成功。達到道知的狀態，就是能與神明相通而無所不能，而神氣也會安如泰山，永駐我們心中。

分威法伏熊①

分威者，神之覆②也。故靜意固志，神歸其舍③，則威覆盛矣。威覆盛，則內實堅；內實堅，則莫當；莫當，則能以分人之威，而動其勢，如其天。④以實取虛，以有取無，若以鎰稱銖⑤。

故動者必隨，唱者必和；撓其一指，觀其餘次；動變見形，無能間者。⑥審於唱和，以間見間⑦，動變明而威可分。將欲動變，必先養志伏意以視間⑧。知其固實⑨者，自養也；讓己⑩者，養人也。故神存兵亡，乃為之形勢。

【註釋】

①分威法伏熊：分散威勢要傚法那蟄伏而養、突然出擊的熊。分威，散發威勢。②覆：伏的意思。③舍：志意之宅，居住之地。④內實堅：指志意充實，謀略既定。莫當：沒有什麼可以抵擋。當，同「擋」，抵擋。如其天：如天覆萬物般壓倒別人的威勢。⑤以鎰稱銖：用重物做秤錘去稱量輕物，比喻以重馭輕，輕而易得。鎰，二十兩為一鎰。銖，二十四銖為一兩。⑥唱：同「倡」，倡導。撓其一指，觀其餘次：觸碰對方一個手指頭，就能看到其他手指的變化。比喻把握對方一點而依次考察其他。撓，抓。見：同「現」。間：縫隙。⑦以間見間：用尋縫隙之法去尋找、抓住別人弱點。⑧伏意：靜意，指使意念安靜。視間：尋查對方漏洞。⑨固實：使自己的思想意識堅固而充實。⑩讓己：把自己所擁有的讓給別人。

【譯文】

分散己方之威勢，就要積蓄威勢，讓神氣充盈於自己的體內。自己要靜心平氣，充實意志，使意志專一，神氣歸復於心中，這樣威勢就會強盛。威勢強盛就會內心堅實；內心堅實，就沒有什麼人或東西能夠阻擋；己方做到無人可以阻擋，就能分散他人的威力，動搖對方的勢力，猶如天覆萬物那般以絕對優勢壓倒對方。以己方之實來攻對方之虛，以己方之優去攻對方之劣，就好比以重砝稱輕物那般輕而易舉。

所以如果己方有行動，對方一定會跟隨，己方如有倡導，對方一定會應和；只要碰觸對方一個局部，從對方的反應中就能知道對方的全部情況。如此一來，對方的舉動和應變就全部顯露了出來，沒有一個能逃得掉的。知道了倡導和應和的道理，通過顯露出來的痕跡去尋找對方的缺陷，等到對方的一舉一動、一變一化都明晰之後，就可以振發己方的威勢了。己方在做出行動和應變之前，一定要固氣養志，隱藏意圖，等待時機。懂得使自己的思想意識堅實的人，是懂得提高自我修養的人；懂得把自己擁有的讓給別人的人，是為了以德征服他人的人。所以只要神氣在，就可達到威勢自奮，武力也就使用不上了，然後根據形勢用神去控制對方。

散勢法鷙鳥①

散勢者，神之使②也。用之，必循間③而動。威肅內盛，推間而行之，則勢散。④夫散勢者，心虛志溢⑤。意衰威失，精神不專，其言外而多變。⑥故觀其志意為度數，乃以揣說圖事，盡圓方，齊短長。⑦

無間則不散勢，散勢者，待間而動，動而勢分矣。故善思間⑧者，必內精五氣，外視虛實，動而不失分散之實。動則隨其志意，知其計謀。勢者，利害之決，權變之威；勢敗者，不以神肅察也。⑨

【註釋】

①散勢法鷙鳥：鷙鳥襲擊禽獸，必定善於抓住時機，散勢也可以傚法鷙鳥「待間而動」。散勢，分散對方的威勢。鷙鳥，凶猛而迅速出擊的鳥。②使：驅使，驅動，指派。③間：間隙，漏洞。④肅：收斂，此指積聚。推間：尋找間隙，尋找機會。⑤溢：外流，外洩。⑥專：專一，專注。言外：對方的言辭會將內心的實情洩露於外。多變：如果他想借言辭來掩蓋內心的慌亂，那麼通常會閃爍其詞。⑦度數：尺度，標準。揣說圖事：揣摩遊說和圖謀事情。盡圓方：盡情使用或方或圓的遊說方法。齊短長：靈活運用各種計謀。⑧思間：思索、尋查對方漏洞。⑨決：決定因素。權變：靈活運用權術。肅察：認真考察，慎重地審察。

【譯文】

分散對方的威勢，是自己的神經過積聚以後外出的結果。運用散勢權術時，一定要瞅準對方的漏洞再行動。經過內心的積聚，自己的威勢在內心積聚得很旺盛了，找到對方的漏洞而採取行動，那麼，必定能散去對方的威勢。對方的威勢一旦散失，他就會心氣虛弱，志意外洩。志出就會意衰，意衰就會失去威勢，精神無法專注，這樣他所說的話就會洩露內心的真意，如果他企圖用言辭來掩蓋，那麼通常會閃爍其詞，詞不達意。觀察對方的這種情況，要以得到對方真實的志和意為標準，如果得到了對方真實的志、意，就可以進行揣摩遊說、策劃計謀了，或者說一些迎合對方的話，或者說一些按規矩應該說的話。

如果對方沒有間隙漏洞可以利用，那麼已方就不散勢，散勢一定要等待對方有空可鑽的時候才能行動，一旦動手必然使對方的威勢崩潰。所以，那些善於思索、尋求對方間隙的人，一定是自己在內心積聚五臟之氣，在外探查對方的虛實，不動則已，一動必能散去對方的威勢。他的行動一定能緊跟對方意圖，知道對方的計謀。勢，是利害成敗的決定因素，是隨機應變的威懾力量；威勢被分散，往往是因為不能夠運用旺盛的神氣去認真考察的緣故。

轉圓法猛獸①

轉圓者，無窮之計。無窮者，必有聖人之心，以原不測之智而通心術②。而神道混沌為一，以變論萬類，說義無窮。③智略計謀，各有形容：或圓或方，或陰或陽，或吉或凶，事類不同。④故聖人懷此用，轉圓而求其合⑤。故與造化者為始，動作無不包大道，以觀神明之域。⑥

天地無極，人事無窮，各以成其類，見其計謀，必知其吉凶成敗之所終。⑦轉圓者，或轉而吉，或轉而凶，聖人以道先知存亡，乃知轉圓而從方⑧。圓者，所以合語；方者，所以錯事。⑨轉化者，所以觀計謀；接物者，所以觀進退之意。⑩皆見其會⑪，乃為要結以接其說也。

【註釋】

①轉圓法猛獸：轉圓生計要傚法威勢無盡的猛獸。轉圓，轉動圓形的物體，意為讓計謀像圓體轉動那樣無窮盡地產生與轉動。②原：追溯，探究。不測：無法測量。心術：煉心之術，此指凝聚心氣之術。③神道：神妙莫測的天地萬物之道。變：同「辯」，周遍。④形容：形勢，形態，特點。 或圓或方：或圓轉靈活，或方正堅定。此指靈活性的「圓計」和規定性的「方計」。⑤合：合於事機，合於時用。⑥始：開端。包大道：包容大道。此指與天地之道相合。神明之域：幽深隱蔽之處。⑦類：類別，類分。終：終端，結果。以：

因。所終：結果。⑧轉圓而從方：從靈活的無窮之計轉化到確定可行的具體措施。⑨合語：言語合拍，說話投機。錯事：處置事件，解決問題。錯，同「措」。⑩轉化：因轉動而變化。接物：與事物接觸。此指接觸實際問題。⑪會：匯聚處。此指各種問題的癥結。要結：關鍵。接其說：迎合對方需要的遊說。

【譯文】

轉圓，就是讓計謀像轉動圓形物體那樣無窮盡地產生。要產生無窮無盡的計謀，必須具備聖人一樣的胸懷，去探究深不可測的智慧根源，需要熟練掌握凝聚心氣的方法。大自然化育萬物雖然奇妙無窮、變化莫測，但其存在著一個根本的道理，緊抓這個道理，就可以掌握自然萬物，策士遊說的道理就無窮無盡了。運用智慧制訂計謀策略，要隨著實際情況的變化而變化，或方或圓，或陰或陽，或吉或凶，跟隨事物的種類及情況不同而不斷變化。所以聖人懂得運用這個道理，在處理事情時就如同不停地轉動圓形物體一樣，不斷尋找適宜的計謀，以求合理解決問題。所以要以跟隨聖人為開端，那麼行為就沒有不合大道的，並且能夠看到別人不能看到的神明境地。

天地無邊無際，人事的變化也無窮無盡，世上萬物都有其類別上的歸屬，我們可以通過其類別來推測計謀，這樣一來就一定能知道是吉是凶，是成是敗。運用轉圓之術，用得好，會得到好的結果；用得不好，就得到凶險的結果，聖人運用轉圓之術總能取長避短，及時從轉圓之術中解脫出來。圓變化無窮，是遊說之策，務必與對方言語合拍；方安定沉穩，是處理具體事務的手段。圓能因為轉動而變化無

盡，所以用圓術能探查到對方的計謀；方安定沉穩，可以用來處理事情，並根據實際效果決定進退。無論是圓是方，都要看問題的癥結在哪裡，然後抓住關鍵，用迎合對方需要的言辭去遊說。

損兌法靈蓍^①

損兌者，機危^②之決也。事有適然，物有成敗，機危之動，不可不察。^③故聖人以無為待有德^④，言察辭合於事。兌者知之也，損者行之也。損之說之，物有不可^⑤者，聖人不為之辭。故智者不以言失人之言，故辭不煩而心不虛，志不亂而意不邪。^⑥

當其難易而後為之謀，因自然之道以為實。^⑦圓者不行，方者不止，是謂大功。益之損之，皆為之辭。用分威散勢之權，以見其兌威、其機危，乃為之決。故善損兌者，譬若決水於千仞（rèn）之堤，轉圓石於萬仞之谿。^⑧而能行此者，形勢不得不然也。

【註釋】

①損兌：減少直率而多求變化。兌，直。蓍，筮占之草。②機危：危險的徵兆。③適然：偶然，有時發生。動：萌發，發展。④有德：有德者生，此指事情發展動態。⑤不可：不合，不相適應。⑥不以言失人之言：不因為自己不會言說而失掉對對方言辭信息的獲得。煩：煩亂，複雜紛亂。邪：邪僻，偏頗，不正確。⑦當：遇到。實：實際。此指實際行動，實行措施。⑧決水於千仞之堤：挖開千仞高的大堤放水，以喻勢不可當。仞，古代長度單位，八尺為一仞。轉圓石於萬仞之谿：把圓石推下萬仞深的谿谷。以喻勢猛。

【譯文】

損益，就是做事要減損直率，多追求變化，這是處理有危險徵兆的問題時的關鍵。世間萬事萬物在發展過程中都會有偶然發生，或成功，或失敗，對顯現出來的危險徵兆不能不認真觀察。所以聖人做事，會順應自然以待之，看對方的言辭與其所做的事情是否相合來進行判斷，這樣，對方若有危險之處就能馬上知道。如果策士直率地去講，對方就容易知曉己方的危險之處；如果做到不直率地去說，就可避免暴露己方的弱點，因而是可以實行的。如果做到不直率地去說，但事情還是沒有得到解決，聖人就不會再隨意開口了。因此，有智慧的人不會因為自己不會言說就失去對對方言辭信息的獲得。言辭不雜亂，心就不會虛，心氣集中，志就不會散亂，志不散亂，意念就會端正。

遇到事情，必先審察它是難是易，然後去想對策，根據自然之道來決定施行。對方施行圓的計策不停止，己方施行方的計策就不停止，直到對方不能按照常理設謀行事，這樣己方就能成功。或增加，或減少，都是為了言辭能夠恰當表達。用分威散勢的權術，去發現對方直行的威力和他的危險徵兆，於是做出判斷。所以善於運用損兌權術的人，就好比千丈高堤決口，水衝向萬仞之深的谿谷中的石頭一樣，水勢威猛，能夠推動石頭旋轉。水雖柔卻能轉動起大石頭，是因為水的形勢造成的必然結果。

持樞

　　持樞，謂春生、夏長、秋收、冬藏，天之正也。^①不可干^②而逆之。逆^③之者，雖成必敗。故人君亦有天樞，生、養、成、藏，亦復不可干而逆之，逆之者，雖盛必衰。^④此天道，人君之大綱也。^⑤

【註釋】

　　①生：萬物萌長。養：養育。藏：保藏。天之正也：大自然的法則。②干：犯，牴觸。③逆：倒向，此指違反。④生、養、成、藏：指出生、養育、長成、保有。盛：興盛。衰：衰亡。⑤天道：指順應自然的為政之道。大綱：基本綱領。

【譯文】

　　持樞，即把握住關鍵，也就是順從春季讓萬物生長、夏季讓萬物得到養育、秋季讓萬物長成、冬季讓萬物儲藏的自然規律，這是自然運行的正常法則。不可以觸犯、違背它。違背了自然之道，即使一時成功，最終也會失敗。所以說，人間君主治理國家的關鍵就是順應自然之道，出生、養育、長成、保有，是不能違背的，違背了它，即使一時強盛，最終也會走向衰亡。這就是天道，是世間君主治國的基本綱領。

中經

（一）

《中經》，謂振窮趨急，施之能言厚德之人。^①救拘執^②，窮者不忘恩也。能言者，儔（chóu）善^③博惠。施德者，依道。^④而救拘執者，養使小人^⑤。蓋士遭世異時危，或當因免闐（tián）坑，或當伐害能言，或當破德為雄，或當抑拘成罪，或當感感自善，或當敗敗自立。^⑥

【註釋】

①振窮趨急：救濟那些陷入窮困或急難的人。振，通「賑」，救濟。能言：能言善辯，長於辭令。厚德：品德淳厚。②拘執：被拘囚縛綁的人，也可泛指處於困境的人。③儔善：多善，多做善事。④施德者，依道：施德之人，做事皆依據於道。⑤小人：普通人。古代人有聖人、君子、小人之分。⑥世異時危：世道敗壞，時局危難。闐：滿。伐害能言：殘害能言善辯之士。破德為雄：放棄仁德，而成為一世雄主。感感自善：心情憂鬱保全自己。敗敗自立：在危敗中自立。

【譯文】

《中經》，說的是前去解救陷於困境和處於危難中的人，而能夠做到這一點的，只有那些能言善辯、德行深厚的人。救助陷入困境的人，那些被解救者就不會忘記救援者的恩德。能言善辯的人，能夠多行善事，廣施恩惠。施行厚德的人，能遵循大道而行事。救出陷入困

境中的人，是為了豢養他們，使其供自己驅使。那些士人身逢亂世、遭遇危難之時，有的能在戰亂中九死一生；有的能言善辯，反遭讒害；有的放棄仁德，崇尚武力，成為一世雄主；有的被拘捕，成為罪犯；有的心憂感戚，固守善道保全自己；有的在危敗之時仍能謀得自立。

（二）

故道貴[1]制人，不貴制於人也。制人者握權，制於人者失命[2]。是以見形為容、象體為貌，聞聲知音，解仇斗隙，綴去，卻語，攝心，守義。[3]《本經》紀事者，紀道數，其變要在《持樞》《中經》。[4]

【註釋】

①貴：以……為貴。②失命：命運就掌握在他人手中。③此句總領目錄，下文分別加以論說。隙：同「隙」，間隙，嫌隙。④《本經》……《中經》：此句說的是《本經》《持樞》《中經》三者之間的關係。陶弘景註：「此總言《本經》《持樞》《中經》之義。言《本經》紀事，但紀道數而已。至於權變之要，乃在《持樞》《中經》也。」道數，道術。

【譯文】

所以說，為人處世之道，貴在制服別人，而不能被別人制服。制服別人就能夠掌握主動權；被別人制服，命運就掌握在別人手中了。

所以，應當講求「見形為容、象體為貌」「聞聲和音」「解仇斗隙」「綴去」「卻語」「攝心」「守義」等處世道術。《本經》講述的是如何使用這些方法的基本道理，其運用時變通的要領則都在《持樞》《中經》之中。

（三）

見形為容、象體為貌者，謂爻（yáo）為之生也。^①可以影響^②形容象貌而得之也。有守之人，目不視非，耳不聽邪，言必《詩》《書》，行不淫僻，以道為形，以德為容，貌莊色溫，不可像貌而得之。^③如是，隱情塞隙^④而去之。

【註釋】

①形：形狀，此指八卦中爻的形狀和位置。象：指八卦的卦象。爻為之生：指看見卦爻便可預測出吉凶。這裡是用爻象的原理來說明通過表象來推就事物的實質。②影響：此指影子和回聲。③守：道德操守。《詩》：指《詩經》。《書》：指《尚書》。淫僻：過度、過分和乖僻。④隙：同「隙」，漏洞。

【譯文】

所謂見形為容、象體為貌，就是憑藉卦爻、卦象來推測事物的吉凶，這也就是爻所起到的作用。猶如根據卦爻的位置和卦象的理論可以推測吉凶一樣，可以通過一個人的言語行事、聲音、體態等方面來推測他的內心世界。有操守的人，眼睛不看非禮的東西，耳朵不聽邪

惡的聲音，言談必以《詩經》《尚書》之文，行為既不過度也不邪僻越軌，以道德來約束自己的行為，容貌莊重，表情溫和，無法用外貌形態去判斷他們的內心世界。碰到這種情況，就趕快隱藏起自己的實情，堵塞自己言辭中出現的漏洞，儘快離開他們。

（四）

聞聲知音者，謂聲氣不同，恩愛不接。[①]故商、角不二合，徵、羽不相配，能為四聲主者，其唯宮乎。[②]故音不和則悲，是以聲散、傷、丑、害者，言必逆於耳也。[③]雖有美行、盛譽，不可比目、合翼相須也[④]。此乃氣不合、音不調者也。

【註釋】

①聲氣：聲音和氣息。接：通。②宮、商、角、徵、羽：五音的名稱。中國古代以五音配五行，商配金，角配木，徵配火，羽配水，宮配土。五行中有相剋關係，如金克木，水克火，所以商角、徵羽的音樂不能調和。能為四聲主者，其唯宮乎：宮是五音之主，古人將宮視為五音的統帥，所以宮能和其他四音。③悲：悲傷、難過。散、傷、丑、害：都是不和之音，此為言辭中的四種毛病。陶弘景註：「散、傷、丑、害，不和之音，音氣不和，必與彼乖，故其言必逆於耳。」④比目：比目魚。合翼：比翼鳥。須：求。

【譯文】

所謂聞聲和音之術，是處理雙方意氣不合，彼此之間施行恩惠、

行使友愛不能相通的一種方法。這就像五音中商聲和角聲不能相合，徵聲和羽聲不能相配一樣，能作為四音之主的，就只有宮了。所以五音不和諧，人聽起來就會感到難受，因為話語間如果有散、傷、丑、害的毛病，那麼說出來的話必定是刺耳而使人無法接受的。即使有美好的操行、備受讚譽，彼此間也依舊不能像比目魚、比翼鳥那樣恩愛無間，密切合作，同氣相求。這就是因為彼此意氣不投，言語便不協調的緣故。

（五）

解仇斗隙，謂解羸微之仇；斗隙（xì）者，斗強也。①強隙②既斗，稱勝者高其功，盛其勢也。弱者哀其負，傷其卑，污其名，恥其宗。③故勝者聞其功勢，苟④進而不知退；弱者聞哀其負，見其傷，則強大力倍⑤，死而是也。隙無強大，御無強大，則皆可脅而並。⑥

【註釋】

①解仇：解救弱小的同伴。仇，伴。斗隙：使強者相互鬥爭。②強隙：有隔閡的強者。③哀其負：為他的失敗而感到悲哀。卑：衰落。污：玷污。恥其宗：羞辱他的祖宗。④苟：苟且，只懂得。⑤倍：背向，拋到腦後。⑥無：不論。脅而並：施加威脅併吞併。

【譯文】

所謂解仇斗隙，就是團結弱者，使強者相互鬥爭；斗隙，就是使

強者相互鬥爭。強者相互鬥爭後，就稱讚勝利的一方，宣揚他的功勞，壯大他的聲勢。對失敗的一方，哀憐他的失敗，感傷他的衰落，玷污他的名聲，羞辱他的祖宗，這樣就可以刺激弱者奮起。勝利的一方一旦聽到（有人）稱道他的功業和威勢，就會一味進攻而不知退卻，失敗的一方聽到我們哀嘆他的失敗，見到自己受傷，就會奮發圖強，拼盡全力，忘死而戰，這樣一來，結果很可能會改變。這樣，無論對手多麼強大，我們的防禦也會更加強大，都能夠脅迫併吞併它。

（六）

綴去者，謂綴己之系言，使有餘思也。[1]故接貞信者，稱其行，屬其志，言為可復，會之期喜。[2]以他人庶引驗以結往，明款款而去之。[3]

【註釋】

①綴去：結交將要離開的人。系言：繫留、籠絡人心之言。余思：此指離開之後仍存想念。②屬：同「勵」，勉勵。可復：希望他再次返回。③庶：也許可以。款款，依依不捨。

【譯文】

所謂綴去術，就是用言語結交即將離去的人，使他發自內心地留戀、想念我們。所以，對將要離去的忠貞守信之人，要稱讚他的德行，勉勵他的志向，言辭中透露出希望他們再次返回之意，表達出再次相會的喜悅之情。引用過去他人所做過的相類似的成功事例來驗證

自己的話，希望對方能夠知道將來仍然能夠與自己保持密切的連繫，然後在他離開的時候，明確表示出依依不捨的樣子。

（七）

卻語者，察伺短也。[1]故言多必有數短之處，識其短，驗之。[2]動以忌諱，示以時禁。[3]其人恐畏，然後結信，以安其心，收語蓋藏而卻之。[4]無見己之所不能於多方之人。[5]

【註釋】

①卻語：有缺陷的語言。卻，間隙。察伺短：考察窺伺缺陷或漏洞。②識：發現。驗：檢驗。③動：觸動。示以時禁：把當時的禁令給他看。④收語：收住話頭。蓋藏：遮蓋隱藏。卻：退。⑤見：同「現」，顯露。多方之人：知識經驗豐富的人。

【譯文】

所謂卻語術，就是善於考察、窺伺對方言辭中的缺陷。話說多了，必定有所失誤，發現其中的漏洞，並加以考察。我們可以指出他犯了忌諱，以此來觸動他，也可以把當時的禁令給他看。等他恐懼害怕的時候，就用誠信來結交他，請他放心，同時要收住話頭，不要再繼續說下去，慢慢地退出卻語之術，不再使用。使用卻語術要注意，切不可把己方的弱點暴露給有見識、經驗豐富的人，以免對方抓住我們的把柄。

<h1 style="text-align:center">（八）</h1>

攝心者，謂逢好學伎術者，則為之稱遠。[①]方驗[②]之道，驚以奇怪，人系其心於己。效之於人，驗去，亂其前，吾歸誠於己。[③]遭淫酒色者，[④]為之術；音樂動之，以為必死，生日少之憂。[⑤]喜以自所不見之事，終可以觀漫瀾之命，使有後會。[⑥]

【註釋】

①攝心：攝取人心，收買贏得人心。逢：遭遇。伎術：技藝道術。伎，同「技」。稱遠：稱揚到遠方。②驗：驗證，檢驗。③效：征驗。亂其前：將他的技術全部擺放在大眾面前。亂，治理，驗證。④遭：碰到，遇上。淫：沉湎、貪戀。⑤音樂動之：用音樂打動他。日少之憂：憂慮生命縮短，死期將近。⑥喜：以……而歡喜。漫瀾之命：廣闊前途，光明前景。漫瀾，原意為水廣闊無垠。這裡指無限。會：體悟。

【譯文】

所謂攝心術，就是收買人心的方法。碰到喜歡技藝或道術的人，就稱讚他，使他的名聲遠播於外。然後用我們的知識去驗證他所學的技藝道術，對他的奇異特長表示驚嘆，他就會把他的心意寄託在我們身上。然後，再把他的道術技藝推廣到實踐中，在眾人面前呈現出來加以驗證，並用他過去使用過的獲得成功的技術作為案例，擺到眾人面前，這樣一來他就會心悅誠服地歸附我們。如果遇到那種沉湎於酒

色的人，就要用攝心術，先用音樂打動他，讓他以為這樣做就活不長了。然後再用對方看不見的美好事物讓他高興，指出他的光明前程，讓他了解到人生的廣闊境界，感受到生活的美好與活著的意義，然後有所感悟。

（九）

守義者，謂守以人義，探其在內以合也。①探心，深得其主也，從外製內，事有系曲而隨之②。故小人比人，則左道而用之，至能敗家奪國。③非賢智，不能守家以義，不能守國以道。聖人所貴④道微妙者，誠以其可以轉危為安，救亡使存也。

【註釋】

①守義：謹遵做人的道義。人義：即仁義。②事有系曲而隨之：讓對方因為有事相求，而委曲於我。曲，委曲，曲心。③比：以利與人交往。左道：旁門邪道。④貴：尊重，推崇。

【譯文】

所謂守義術，說的是遵守做人的道義。遵守仁義，探知對方的內心世界，然後迎合他。探知對方的內心，獲取他的真實想法，然後就可以用相應的權術從外部控制他的內心，讓對方因有事求助於我，而委曲於我。然而，小人以利與人交往，而不是用仁義而用旁門左道來迎合對方的內心，必然導致國破家亡。非賢能智慧之人，不能用仁義

來守家，不能用大道來守國。聖人之所以對那些微妙無比的道術推崇有加，是因為運用它們的確可以使家庭和國家轉危為安，救亡圖存。

昌明文庫·悅讀國學 A0602015

《鬼谷子》智慧全解 下冊

作　　者　丁　一

版權策畫　李煥芹

發 行 人　林慶彰

總 經 理　梁錦興

總 編 輯　張晏瑞

編 輯 所　萬卷樓圖書股份有限公司

　　　　　臺北市羅斯福路二段 41 號 6 樓之 3

　　　　　電話　(02)23216565

　　　　　傳真　(02)23218698

出　　版　昌明文化有限公司

桃園市龜山區中原街 32 號

電話　(02)23216565

發　　行　萬卷樓圖書股份有限公司

臺北市羅斯福路二段 41 號 6 樓之 3

電話　(02)23216565

傳真　(02)23218698

電郵　SERVICE@WANJUAN.COM.TW

ISBN 978-986-496-492-5

2021 年 2 月初版四刷

2019 年 3 月初版一刷

定價：新臺幣 360 元

如何購買本書：

1. 轉帳購書，請透過以下帳戶

　　合作金庫銀行　古亭分行

　　戶名：萬卷樓圖書股份有限公司

　　帳號：0877717092596

2. 網路購書，請透過萬卷樓網站

　　網址 WWW.WANJUAN.COM.TW

大量購書，請直接聯繫我們，將有專人為您

服務。客服：(02)23216565 分機 610

如有缺頁、破損或裝訂錯誤，請寄回更換

版權所有·翻印必究

Copyright©2021by WanJuanLou Books CO., Ltd.

All Right Reserved　　　Printed in Taiwan

國家圖書館出版品預行編目資料

<<鬼谷子>>智慧全解 / 丁一著. -- 初版. -- 桃
園市：昌明文化出版；臺北市：萬卷樓發
行, 2019.03

　　冊；　公分

ISBN 978-986-496-492-5(下冊：平裝)

1.鬼谷子　2.研究考訂

121.887　　　　　　　　　　　　108003220